Faire bouger l'Église catholique

Joseph Moingt

Faire bouger l'Église catholique

Avec la collaboration de Jean Housset,
Gilles Lacroix, Guy de Longeaux

Sous l'égide de l'association
Chrétiens en recherche 41

Desclée de Brouwer

www.ddbeditions.com

10, rue Mercœur, 75011 Paris
ISBN : 978-2-220-06465-9

Introduction

Une partie du catholicisme, notamment en France, semble croire qu'il suffit de retrouver le chemin de la « religiosité » en reprenant une ritualité ancienne – plus souvent héritée du XIXe siècle que de la tradition la plus lointaine. Ce retour à la « religion » rencontre un certain succès parce qu'il satisfait le très partagé « besoin de croire ». Mais comment ce retour en arrière peut-il permettre d'affronter les défis contemporains[1] *?...*

Ces défis contemporains, nous en avons trouvé une expression approfondie, et une façon radicale de leur répondre, dans les écrits du père Joseph Moingt. Nous en avons fait une étude dans le cadre de notre association, Chrétiens en recherche 41, et, souhaitant en

1. Citation du Groupe Paroles dans le forum de *La Croix* du 26 mars 2011.

faire partager plus largement le bénéfice, nous avons invité le père Moingt à venir faire une conférence à Blois sur le thème: *Comment témoigner de l'Évangile de la façon la plus accessible aux hommes de ce temps? Quelle restructuration nécessaire de l'Église pour que les baptisés y soient pleinement impliqués?*

Cette conférence a eu lieu le 24 septembre 2010 à la Maison diocésaine de Blois, devant une assistance d'une centaine de personnes.

Le texte de cette conférence est un apport important, pensons-nous, par l'analyse que fait Joseph Moingt des divers aspects, historiques, sociologiques, théologiques, pastoraux, du défi que doit relever l'Église pour reconnaître les « signes des temps » et témoigner de l'Évangile dans notre société sécularisée. Un apport important aussi par la réorientation très radicale de l'Église qu'il préconise afin de libérer l'initiative des fidèles dans la façon de vivre l'Évangile aujourd'hui. L'argumentation qu'il développe est le fruit de plus de quarante années de travail et elle est exprimée dans un langage compréhensible par tous.

Nous avons rencontré bien des personnes ayant assisté à cette conférence qui nous ont dit avoir trouvé dans les propos du père Moingt une source d'espérance, tandis que d'autres, il est vrai, avaient moins apprécié certains de ses constats ou propositions, voire même, dans tel ou tel cas, en avaient été « scandalisés » – mais il ne faut pas éluder le débat dans l'Église.

Afin de donner à cette conférence une large audience, nous avons proposé à son auteur d'en faire un livre et il a suggéré d'y inclure deux autres interventions ayant traité de sujets similaires qui reprennent la substance de deux articles parus précédemment dans la revue *Études*. L'une de ces conférences, sur « L'humanisme évangélique », avait été donnée le 27 mars 2011, l'autre, sur « La condition des femmes dans l'Église d'aujourd'hui », le 2 avril 2011[2].

À ces textes, nous avons ajouté deux annexes élaborées par un groupe de travail de notre

2. Les articles correspondants avaient été publiés dans les *Études* d'octobre 2007 (« Pour un humanisme évangélique »), et de janvier 2011 (« Les femmes et l'avenir de l'Église »).

association à partir de la lecture d'un des livres de Joseph Moingt, apportant des compléments à la conférence de Blois, et intitulées : « Examen critique de l'institution sacerdotale et nouvelles structures proposées » et « Des petites communautés. Pourquoi ? Comment ? »

Quoique le père Moingt soit aujourd'hui bien connu, rappelons qu'il est jésuite et qu'il a enseigné la théologie pendant une quarantaine d'années, d'abord au scolasticat de Lyon-Fourvière, puis, à partir de 1968, à l'Institut catholique de Paris, enfin aux Facultés jésuites du Centre Sèvres. Il a été directeur de la revue *Recherches de science religieuse*[3] pendant vingt-neuf ans. En parallèle avec cette activité intellectuelle, il développa de nombreux contacts pastoraux et militants autour de Paris et en province.

Il pensait synthétiser les résultats de ses recherches avec un premier livre, sorti en 1993, *L'homme qui venait de Dieu*[4]. Mais ce livre laissait encore, selon lui, beaucoup de questions en

3. 14, rue d'Assas, 75006 Paris.
4. Aux éditions du Cerf.

suspens. Il a donc écrit ensuite les trois volumes intitulés *Dieu qui vient à l'homme*[5], qui s'apparentent à une véritable « somme théologique ».

Face à la crise que connaît l'Église, Joseph Moingt a acquis la conviction qu'un recentrage sur l'Évangile plutôt que sur la religion est nécessaire pour que l'esprit évangélique puisse être entendu du monde actuel. Cela exigerait une profonde mutation de l'Église afin de libérer l'expression responsable de sa base, c'est-à-dire de l'ensemble des fidèles. Or la notion de sacerdoce s'y oppose – telle qu'elle est actuellement définie – car elle maintient un monopole des clercs sur la vie d'une Église trop centrée sur le culte.

L'intérêt, écrit le père Moingt, *n'est pas de porter un jugement sur les pérégrinations passées de l'Église…, mais d'en tirer une leçon pour le présent*[6].

Et encore : *Examinant la situation présente d'une Église dépeuplée dans un monde sans Dieu,*

---

5. Cerf, de 2002 à 2007.
6. Introduction du dernier tome de *Dieu qui vient à l'homme,* p. 481.

nous apprendrons à déceler dans ce chaos les promesses et les conditions d'une renaissance[7].

Guy DE LONGEAUX,
pour l'association Chrétiens en recherche 41
Blois, mars 2012

P.-S. 1 : à signaler un livre récent mettant à la portée de tous la pensée du père Moingt : *Croire quand même. Libres entretiens sur le présent et le futur du catholicisme*, Temps présent, 2010, 244 p.

P.-S. 2 : site web de l'association :
www.cer41-blogspot.com

7. *Ibid.*, p. 479.

I

Annonce de l'Évangile et structures d'Église[1]

En remerciant les organisateurs de cette réunion de m'avoir invité à prendre la parole devant vous, je tiens à préciser que le premier motif de ma venue dans cette ville était et est de rencontrer un groupe de lecteurs de mes livres qui veulent me poser des questions, des demandes d'éclaircissements, sans doute aussi des objections, tous désirs auxquels un auteur ne peut pas se dérober. Le projet de m'adresser à un plus large public ne vient pas de moi ; je l'ai accepté, malgré la charge de travail qu'il m'imposait, parce que je n'ai pas coutume de me laisser aller à tenir dans de petits groupes

1. Conférence du 24 septembre 2010.

des propos que je n'oserais pas soutenir dans de plus larges enceintes, malgré la plus grande liberté de parole que je trouve dans un lieu plutôt que dans un autre, car la plupart des sujets sur lesquels je parle sont l'écho de ceux dont je traite dans mes livres ou mes articles. Le sujet dont je vais vous entretenir ne vient pas non plus de moi, quoique je m'y reconnaisse pleinement, mais des organisateurs de cette réunion, et je vais m'y tenir rigoureusement.

Je relis ce sujet : *Comment témoigner de l'Évangile de la façon la plus accessible aux hommes de ce temps ? Quelle restructuration nécessaire de l'Église pour que tous les baptisés y soient pleinement impliqués ?* Cet énoncé contient-il une seule, ou deux questions différentes ? À mon avis, il appelle une seule réponse, une réponse d'un seul tenant, celle-ci : un témoignage d'Évangile accessible à notre monde, tel qu'il est, exige que tous les baptisés se sentent collectivement responsables de l'Évangile confié à la garde et à la parole de l'Église et réclame en conséquence que l'organisation interne de l'Église, de ses structures administratives et de ses services et ministères, soit pleinement adaptée à cette mission collective qui incombe, en fin de compte, au laïcat engagé dans la vie et les affaires de ce monde.

Je vais traiter ce sujet en le décomposant en quatre temps, en quatre questions, dans cet ordre : 1) *En quoi* consiste le témoignage de l'Évangile ? 2) *Comment* sera-t-il entendu des hommes de notre temps ? 3) *Pourquoi* requiert-il une prise de parole responsable et collective des baptisés ? 4) *Quels changements* suppose-t-il dans les structures de l'Église ?

Comme vous le voyez, il sera traité en dernier lieu seulement de cette réorganisation interne, pour ce motif que sa nécessité ne s'impose qu'aux fins de l'évangélisation du monde. Cette dernière place ne me permettra pas d'en traiter autant, peut-être, que vous le souhaitez. Mais je ne m'attribue aucune compétence particulière en la matière, aucune claire vision de ce que devrait ou pourrait être la figure institutionnelle de l'Église dans un proche avenir. L'important est plutôt d'être au clair sur les orientations et les motivations de notre engagement de chrétiens dans un monde sorti de religion. Si telle est bien, comme je le crois, la pensée des organisateurs de cette réunion, je les félicite d'avoir compris que notre souci majeur, dans la situation préoccupante qui est celle de l'Église aujourd'hui, n'est pas de la restaurer dans son ancienne puissance mais de la mettre plus efficacement au service de l'Évangile, qui est sa mission et qui sera par conséquent son salut.

Témoigner de l'Évangile

Je voudrais en premier lieu justifier la priorité accordée à la visée de l'Évangile plutôt qu'au souci de l'Église, puis chercher en quoi consiste cet Évangile dont nous devons témoigner, et je me demanderai enfin ce qu'il faut entendre par témoignage.

Quelle priorité ?

L'Église traverse présentement, dans l'ensemble des pays occidentaux, une période difficile de son histoire, peut-être la plus difficile parce que les maux qui la menacent ne viennent pas du dehors, comme si souvent dans le passé, mais du dedans : perte accélérée de fidèles, tarissement quasi total des vocations au sacerdoce et à la vie religieuse, graves divisions internes entre ceux qui acceptent Vatican II et ceux qui le rejettent, ceux qui veulent le corriger dans la ligne de la continuité avec la tradition et ceux qui le suivent dans la voie des innovations qu'il préconise – tous maux auxquels se sont ajoutées, hélas !, de tristes dépravations qui ruinent le crédit de l'Église devant la société. Dans cette situation si tragique que beaucoup parlent couramment de déclin, de son proche effacement de l'histoire, il pourrait sembler que le premier souci de ceux qui l'aiment et la servent soit de voler à son secours, de stopper sa chute, de guérir ses maux. C'est la voie prise par son magistère : l'année sacerdotale qu'on vient de vivre visait la promotion aux ministères consacrés comme la base indispensable du redressement, les récentes nominations épiscopales voulaient renforcer l'unité de l'Église autour de son pôle hiérarchique, les consignes pastorales partout mises en œuvre prônent la restauration du sacré dans la liturgie pour conjurer ce qui semblait être une sécularisation rampante de la vie chrétienne, le retour à la tradition et au religieux paraît s'imposer comme unique voie de salut. Dans ces conditions, mettre en avant la mission évangélique ne serait-il qu'aveuglement et fuite en avant ?

Il importe ici de détacher notre regard des maux qui nous obsèdent et de le reporter, non en arrière, mais à l'origine même de l'Église, à la mission qu'elle a reçue du Christ, qui doit être sa principale et constante préoccupation, car elle ne peut trouver son salut en dehors de ce qui est sa raison d'être au monde, et il s'agit évidemment de l'annonce de l'Évangile, conformément aux dernières paroles de Jésus à ses apôtres : « Allez donc : de toutes les nations faites des disciples, les baptisant au nom du Père et du Fils et du Saint-Esprit, leur apprenant à garder tout ce que je vous ai prescrit. Et moi, je suis avec vous tous les jours jusqu'à la fin des temps » (Mt 28,19).

La vie de l'Église ne peut être que la présence du Christ en elle, qui chemine à ses côtés, la précède, la pousse de l'avant et la guide vers ceux à qui il l'envoie : « Allez par le monde entier, proclamez l'Évangile à toutes les créatures » (Mc 16,15). Quand elle passe par des temps difficiles, sa tentation bien naturelle serait de s'arrêter, de panser ses blessures, de reprendre souffle, de se replier sur elle-même pour refaire ses forces en puisant dans les ressources d'un passé glorieux. Mais le Christ l'en dissuade, car, à son exemple, elle existe pour les autres, non pour elle-même. Toute sa vitalité tient dans sa capacité d'aller au monde pour le vivifier de la vie et de l'esprit du Christ. Si donc elle se sent souffrante et en danger, elle ne doit pas se préoccuper de se refaire d'abord une santé, mais examiner par priorité ce qu'il en est de ses capacités missionnaires et se mettre en état de mieux annoncer l'Évangile au monde : c'est de là que viendra *par surcroît* son rétablissement, même si elle doit pour cela abandonner quelque chose de ses traditions, des signes et des moyens de son ancienne puissance. Car c'est à elle aussi que s'adresse l'avertissement de Jésus : « Qui veut sauver sa vie, la perdra ; qui la perd à cause de moi, la recouvrera » (Mt 16,25). Il s'agit donc pour l'Église de se convertir, à savoir de se retourner vers le monde, non certes pour s'y conformer – « Ne vous conformez pas au monde présent », dit

Paul (Rm 12,2) –, mais pour communiquer avec lui, lui parler d'Évangile.

Quel Évangile ?

Ce mot résumant tout l'enseignement de Jésus, et également celui des apôtres, on ne doit pas s'étonner qu'il soit impossible de le résumer en quelques brèves formules et qu'on ne peut tenter de le définir sans laisser de côté une grande partie de son contenu. Notons cependant que le mot signifie « Bonne Nouvelle » : c'est essentiellement un message de joie et d'espérance, tourné vers le futur ; il veut dire que tout peut changer, que tout va changer, car Dieu est au travail dans ce monde.

Jésus a traduit son « Évangile » dans un autre mot symbole, celui de « Royaume de Dieu » qui signifie, d'une part, l'instauration par Dieu, toute proche dans la pensée de Jésus, d'un nouvel ordre de choses, d'un règne de justice, de paix et de fraternité entre les hommes, et, d'autre part, la présence actuelle et agissante de ce règne à travers les paroles, faits et gestes de Jésus : guérison des malades, libération de l'emprise des mauvais esprits, consolation des petits, réconciliation entre les adversaires, pardon des offenses, assistance mutuelle, amour poussé jusqu'au sacrifice de soi. Et en tout cela il n'est pas question de religion : attendant la venue de Dieu, Jésus ne laisse aux siens aucun code rituel, ni législatif, ni dogmatique, rien d'autre qu'un humanisme nouveau, une façon de vivre en relation les uns envers les autres qui découle directement de la Paternité universelle de Dieu. Pour tout le reste, il s'en remet à l'Esprit Saint, qui guidera les siens « vers la vérité tout entière » (Jn 16,13).

L'Esprit Saint fonde l'Église sur Jésus, elle baptise en son nom, elle rassemble ses fidèles autour de la table eucharistique dans le souvenir, la présence et l'attente de Jésus. Ce que Jésus enseignait en termes de royaume de Dieu présent et à venir, l'Église naissante l'annonce en termes de résurrection universelle commencée en celle de Jésus, continuée dans l'Église comme en son propre corps et destinée à s'accomplir dans la totalité de l'univers. Et saint Paul d'annoncer l'Évangile comme une « nouvelle création » : « Les temps anciens ont disparu, un monde nouveau est apparu. Tout vient de Dieu qui nous a réconciliés avec lui par le Christ et nous a donné le ministère de la réconciliation » (2 Co 5,16-18). C'est pourquoi l'Église va au monde pour le rajeunir et le régénérer, elle lui adresse un message d'amitié, elle se met à son service pour le réconcilier avec lui-même, apaiser en lui toute haine, éteindre tout foyer de division. Elle prend pour loi fondamentale le « commandement nouveau » qu'elle a reçu de Jésus : « Aimons-nous les uns les autres car l'amour vient de Dieu et quiconque aime est né de Dieu et parvient à la connaissance de Dieu » (1 Jn 4,7). Elle vit d'amour pour le répandre autour d'elle en semence d'humanité nouvelle. De ce précepte de l'amour, Paul tire la loi organique de l'Église : « Il n'y a plus ni Juif et Grec, ni esclave et homme libre, ni masculin et féminin, car à vous tous vous n'êtes qu'un en Jésus Christ » (Ga 3,28) ; et l'Église se répand dans le monde païen en ferment d'une société ouverte, qui abolit les cloisonnements et les exclusivismes des sociétés patriarcales. Et l'apôtre Jacques lui-même, si attaché aux pratiques de la Loi, mais plein de l'esprit des prophètes, donne cette définition de la « religion » selon l'Évangile : « Visiter les orphelins et les veuves et se garder des impuretés du monde » (Jc 1,27). Ainsi l'Évangile se traduit en acte dès ses commencements, en acte de recréation de la société, d'humanisation, de régénération du monde. Tel est l'Évangile dont nous avons à témoigner.

Quel témoignage ?

L'Évangile indique lui-même, en s'énonçant, de quelle manière il faut en témoigner : par des actes de fraternité et d'union, par des messages d'amitié, d'espoir et de joie, car il est « bonne nouvelle » et parole d'amour ; et ces actes et ces messages sont toujours à réinventer en fonction de la nouveauté des temps, puisqu'il est lui-même, par essence, nouveauté et innovation. Le magistère de l'Église, pour parler de la transmission de l'Évangile et de son contenu, emploie le plus volontiers les mots enseignement ou prédication, accompagnés des termes foi, religion, doctrine, loi et préceptes du Christ ; mais ce vocabulaire suppose qu'on s'adresse à des personnes disposées par avance à écouter et à obéir. Le concile Vatican II, conscient d'avoir pour interlocuteur un monde « majeur » émancipé de la tutelle de l'Église, préfère parler d'annonce en paroles, par mode de persuasion et d'invitation, non d'enseignement ni de commandement, et encourage surtout au témoignage, par des actes exemplaires, par toute la conduite de sa vie, et également par un engagement au service des autres et de la société pour construire avec eux et avec elle un monde meilleur.

C'est dire que cette annonce ou ce témoignage ne consiste pas en formules théoriques ni en activités d'avance prescrites, mais doit toujours se renouveler et s'inventer selon l'état présent du monde. Ainsi pouvons-nous comprendre l'exhortation de Jésus à ses disciples à observer et à interpréter les « signes des temps » (Mt 16,3). Le pape Jean XXIII avait recueilli et retransmis cet appel, à nous d'y répondre à notre tour pour tenir aux hommes de notre temps un langage qu'ils seront susceptibles *d'écouter* et pas seulement d'entendre.

Parler aux hommes de notre temps

Observer les signes des temps, c'est: d'abord, nous appliquer à bien *comprendre ce qui se passe* dans notre monde sur le plan de la religion, à interpréter justement et sereinement cette tempête, cette secousse qui a tellement transformé la société et ébranlé l'Église, qui a creusé un tel fossé d'incompréhension entre l'une et l'autre et qui continue à vider notre Église de ses forces vives et à changer l'esprit des chrétiens; ensuite, *juger* ce phénomène *selon l'Évangile* pour apprendre comment aborder les hommes de notre temps dans un esprit évangélique, c'est-à-dire amorcer de notre côté le mouvement de *conversion* à l'Évangile que nous les invitons à faire.

Comprendre ce qui se passe

Le déclin du christianisme est largement amorcé depuis le XIXe siècle, en particulier dans le monde intellectuel et dans le monde ouvrier. L'Église en a rendu responsable l'athéisme, répandu chez les uns par une philosophie rationaliste, chez les autres par le matérialisme marxiste. Le mouvement n'a fait que s'accroître tout au long du XXe siècle, et l'Église a incriminé la perte de la foi et la perte du sens du péché, attribuant l'une à l'éloignement des sacrements, de la prière et des pratiques religieuses, l'autre à l'invasion de l'hédonisme et à l'orgueil de l'homme qui se soustrait à la loi de Dieu. On a donc tendance, côté chrétien, à juger ce phénomène d'un point de vue purement négatif, comme un refus de la révélation et de l'enseignement de l'Église, et à l'attribuer à la décision, censée coupable, de personnes qui ont voulu rompre avec leur passé chrétien et qui se sont résolues ou résignées à abandonner la foi qu'elles avaient eue.

Or les historiens, anthropologues et sociologues parlent du « retrait de la religion » (l'expression est de Marcel Gauchet) comme d'un phénomène culturel et social, comme d'une lente évolution de la civilisation, qui atteint sans doute de nos jours son paroxysme, mais qui se laisse observer de façon continue depuis le XVIIe, et même le XIVe siècle, qui plonge ses racines dans la formation des grands empires de l'Orient ancien et s'est accentué avec l'apparition de l'État moderne et de la démocratie ;

c'est un phénomène enfin et surtout qui doit beaucoup à l'éclosion de la conscience de la personne dans le christianisme, ce qui explique qu'il soit né dans les pays de tradition chrétienne et qu'il se répande partout maintenant à la faveur de la culture occidentale.

Le retrait de la religion n'est donc pas originellement un mouvement de déchristianisation dû à l'accumulation des rejets de la foi, c'est un phénomène de civilisation, de desserrement et de rupture du lien qui a uni depuis les débuts de l'histoire la religion et la société, car c'est le sacré, le culte des dieux, le mythe d'une descendance divine commune qui a formé le lien social originel des individus entre eux. À mesure donc que le droit politique prenait en charge le lien social et les divers besoins de la vie en société, il s'ensuivait une sécularisation de la société et une laïcisation du pouvoir de l'État, phénomène qui sapait la nécessité de la religion et son emprise sur les individus. Toutefois, puisque le religieux est véhiculé par la tradition sociale, la cause majeure de sa récession est l'émancipation de l'individu qui se libère de ses liens à la société et à la tradition.

Or c'est bien le christianisme qui a été le moteur de cette émancipation, lui qui est né d'une rupture avec son milieu originel, s'est répandu dans le monde païen en l'appelant à se libérer des coutumes de la cité et de l'adoration de l'empereur, lui surtout qui a enseigné la valeur infinie de la personne aux yeux de Dieu, qui a favorisé la séparation du spirituel et du temporel et permis l'émancipation de la foi en dehors de la religion en l'exaltant en tant que relation directe de l'individu avec Dieu.

Mais il est arrivé un temps où l'Église a pris peur de cette émancipation, qui ébranlait sa tradition et son autorité, et a entrepris de la réfréner ; et c'est alors que des chrétiens de plus en plus nombreux se sont mis à la quitter, non par rejet de la foi, mais par accointance avec les idées nouvelles et les libertés nouvelles que repoussait l'Église. Il est aussi arrivé, à la faveur du progrès des sciences et des techniques, que les individus se sont davantage intéressés aux « fins naturelles » de l'existence qu'à ses « fins surnaturelles », alors que l'Église n'attachait d'intérêt qu'à celles-ci, et en faisait même un moyen de domination sur les esprits, ce qui a aussi contribué à sa désertion. Mais les chrétiens sortis de l'Église ne trouvaient plus le moyen d'entretenir une vie de foi, à supposer qu'ils y aient jamais été attachés de façon réfléchie et délibérée ; c'est ainsi qu'une culture d'éloignement de la religion a entraîné la perte de la foi. Ce phénomène se poursuit de plus belle sous nos yeux, où l'on voit, non plus des adultes comme jadis, mais des jeunes et même des enfants se détacher de la foi dans laquelle ils ont été instruits, non par rejet exprès, mais du simple fait de s'émanciper de la société parentale et des traditions familiales pour se faire une place dans un monde nouveau où la religion a perdu presque toute visibilité et efficacité.

Interpréter ainsi le retrait de la religion, c'est comprendre, d'une part, que ce phénomène n'est pas dû à une perte de vitalité, d'attirance ou d'énergie de la foi chrétienne, devenue incapable de convertir les esprits modernes, mais qu'il est le *signe* de l'entrée dans un âge nouveau de l'humanité ; et c'est comprendre, en conséquence, qu'il n'est pas une crise superficielle et passagère, mais qu'il a créé une situation toute nouvelle de l'Église par rapport au monde, un état de choses qui lui impose une attitude missionnaire résolument différente de celle du passé. Ce qui exige de regarder ce monde sous l'éclairage de l'Évangile.

Juger selon l'Évangile

Le pasteur allemand Dietrich Bonhoeffer, membre de l'Église luthérienne « confessante » au temps du nazisme, réfléchissait dans sa prison, peu avant son exécution par ordre de Hitler, à la situation de ce monde areligieux et il estimait que les chrétiens devaient lui tenir un langage semblablement non religieux, ce qui ne voulait pas dire, pour lui, non croyant, bien au contraire : n'est-ce pas le plan de Dieu, se demandait-il, que l'homme parvienne à une parfaite liberté devant lui, même à son égard, et Dieu ne préfère-t-il pas un homme devenu « majeur », qui ne se dirige plus que selon sa conscience, aux agenouillements infantiles et craintifs de tant de chrétiens restés « mineurs » ? Si on se rappelle que Yahvé se présentait comme le Libérateur de son peuple et que Jésus, selon Paul, nous a appelés à la liberté même en matière de religion, on ne considérera pas ceux qui ne fréquentent plus l'Église comme des révoltés qui ont rejeté Dieu, même s'ils ne croient plus en lui, ni comme des hommes qui se sont exclus du salut par leur faute, car il entre bien dans le projet créateur que l'homme accomplisse son humanité en pleine lucidité et responsabilité. Mais il ne s'ensuit pas que le chrétien ait le droit de se désintéresser du salut de ce monde areligieux, comme s'il pouvait se sauver tout seul : l'Évangile est la seule voie de salut, et c'est ce qui fonde le devoir absolu de le porter au monde.

Quel salut ? Pour Jean, comme pour Paul, Jésus a donné un seul commandement, celui de s'aimer les uns les autres, et c'est là-dessus que tous seront jugés, puisque, dit saint Jean, celui qui prétend aimer Dieu – assurément parce qu'il croit en lui, obéit à ses lois et lui rend un culte –, celui-là, s'il n'aime pas son prochain, est un menteur et demeure dans la mort, car il n'y a de vie que dans l'amour qui vient de Dieu et qui est Dieu (1 Jn 4). C'est donc être dans la voie du salut que vivre dans l'amour, mais est-on jamais assuré d'aimer en vérité et autant qu'on le doit et d'y persévérer ? Voilà pourquoi, alors que nous ne devons pas penser que ce monde sorti de religion est sorti des voies du salut, il est cependant nécessaire de toujours lui annoncer l'Évangile, qui apprend aux hommes ce qu'est la vérité de l'amour, et ainsi les tourne vers Dieu et les met ou les garde sur le chemin du salut. Ce n'est pas seulement par souci du salut du prochain que les chrétiens doivent porter l'Évangile au monde, c'est aussi pour travailler avec tous les hommes de bonne volonté à l'accomplissement du projet créateur, qui est de conduire l'homme à la plénitude de son humanité créée à la ressemblance de Dieu et d'unifier tous les peuples et tous les individus dans la paix, la justice et l'amour pour que ce monde accueille dès maintenant le royaume de Dieu qui vient à nous à tout instant.

Vous objecterez peut-être : Pourquoi se contenter d'annoncer l'Évangile aux incroyants et ne pas chercher plutôt à les ramener à la religion ? – Je répondrai : Parce que la mission salutaire confiée expressément par Jésus à l'Église concerne son Évangile, qui est une école de vie, source d'humanisme, non un code religieux, et pour ne pas laisser croire que la religion est la seule voie assurée de salut, ce que ne dit pas l'Évangile. Et certes, il s'apprend aussi à l'intérieur de la religion chrétienne. Mais un monde qui s'est éloigné d'elle pour conquérir la liberté de penser et maîtriser la conduite de la vie et de l'histoire, un tel monde ne se remettra pas à l'école de l'Évangile en se soumettant à une institution religieuse, d'autant plus que l'homme de la modernité s'intéresse par priorité à son avenir terrestre, alors que l'Église prétend s'imposer à lui par la seule vue des choses célestes. Voilà pourquoi cet homme a besoin de redécouvrir l'Évangile pour lui-même, en dehors d'une institution du faire croire.

On objectera encore : Mais l'Évangile ne se comprend que sous l'horizon de la foi en Dieu et de l'éternité ? – Je n'en disconviens pas, mais, en apprenant à le lire pour lui-même, dégagé de tout appareil religieux, l'incroyant découvrira un visage de Dieu qu'il ne soupçonnait pas sous l'appareil autoritaire et oppressif des religions instituées, il découvrira un Dieu qui, loin de chercher à l'asservir, appelle l'homme à la liberté, un Dieu père qui s'intéresse à la vie de l'homme sur terre, qui compatit à ses souffrances et à ses aspirations, qui lui a confié sa création dans l'intention que chacun l'exploite pour le bien du plus grand nombre ; peut-être que cet homme tardera à découvrir la foi au Dieu de Jésus et au Christ, mais, même s'il n'y parvient pas, il aura appris à orienter sa vie selon la volonté de Dieu et la pensée de Jésus. En cela consiste la recherche du salut. Ainsi surtout l'esprit de l'Évangile se répandra dans le monde et entretiendra dans les hommes la charité, qui est la vraie vie, le sens de l'infini, le respect et le souci de l'autre et, en définitive, la recherche du vrai Dieu.

À comprendre ainsi les « signes des temps », en tant qu'ils requièrent une conception nouvelle de la mission évangélique, on pressent qu'elle reposera principalement sur les fidèles de la base, ceux qui sont le plus intimement mêlés à la vie du monde à évangéliser, ce qui imposera au terme une reconfiguration des offices et des structures de l'Église.

Envoyer les fidèles à la mission

Après avoir parlé de l'annonce de l'Évangile, puis de l'état présent du monde par rapport à l'Église, j'en viens à la charge de la mission, qui sera l'objet de la troisième partie de cette réflexion. Par origine, cette charge est commune à toute l'Église, évêques, prêtres et fidèles – dans la situation présente du monde occidental et de l'Église, elle incombe pratiquement et principalement aux laïcs ; – pour être bien remplie, elle appelle une organisation proprement missionnaire des communautés chrétiennes : telles sont les trois idées que je vais développer et qui nous conduiront, dans le quatrième et dernier temps de notre réflexion, à reconnaître la nécessité d'une restructuration de l'Église en vue de sa mission.

La charge de la mission

L'Église est tellement centrée sur le principe du pouvoir sacré que la plupart des fidèles s'étaient habitués à l'idée qu'ils n'avaient qu'à se laisser passivement conduire par leurs pasteurs, à bien remplir leurs devoirs religieux, sans aucune responsabilité dans les affaires de l'Église, et que la mission évangélique relevait exclusivement de l'autorité de ceux à qui Jésus avait confié son Église, ceux à qui il avait donné son Esprit Saint avec la charge d'en faire bénéficier les croyants. Il est vrai que, dans le texte fondateur de Matthieu que je citais au début de cette conférence, Jésus envoie ses onze apôtres et eux seuls annoncer l'Évangile à travers le monde, avec la force de l'Esprit que Jésus leur avait promis d'après Luc (24,49). Mais Luc montre aussi que Jésus avait coutume, au hasard de ses voyages et de ses rencontres, d'appeler diverses personnes à le suivre en qualité de disciples (9,57-62), qu'il en envoya un jour soixante-douze annoncer, comme lui, la venue du royaume de Dieu dans les villages où il comptait se rendre ensuite (10,1-9). Au début des Actes (1,15), Luc dénombre un groupe de cent vingt personnes rassemblées au Cénacle, la veille de la Pentecôte, pour inaugurer la mission sous le souffle de l'Esprit Saint. Jésus n'avait-il pas promis avant sa mort que le Père enverrait l'Esprit Paraclet à tous ceux qui avaient reçu sa parole, y compris à ceux qui la recevraient par la bouche de ses disciples, afin que le monde croie en lui (Jn 14,16-26; 17,20-21)? Paul énumère « ceux que Dieu a établis dans l'Église: au premier rang, des apôtres, au second, des prophètes, au troisième, des enseignants », et ensuite de nombreux autres charismes et services dont il attribue l'origine au même Esprit (1 Co 12,4-28): il ne s'agit pas des douze apôtres nommés dans les évangiles, ni de ministres consacrés, mais, d'une part, de chrétiens mieux instruits que des communautés envoyaient porter la Parole de Dieu là où elle n'avait pas encore été annoncée et, d'autre part, de fidèles que l'Esprit suscitait et signalait par ses dons pour les mettre au service des besoins variés des communautés. Le ministère de la parole était certainement le plus prisé de tous, il s'exerçait sous diverses formes, et il est clair que la parole circulait abondamment et librement en ces premiers temps, souvent avec un mandat reçu de la communauté, toujours sous son discernement, mais nul n'en était exclu *a priori* car l'Esprit Saint se répandait de lui-même, sans être la propriété d'aucune autorité instituée.

Les choses évoluèrent quand s'établit, à la fin du Ier siècle, la coutume de nommer des ministres, appelés indifféremment épiscopes, diacres ou anciens, et de leur imposer la main avec la consigne de pourvoir à leur succession ; et plus encore quand fut instituée, au début du IIIe siècle, la distinction entre clercs ordonnés, évêques, diacres ou presbytres, et simples laïcs : ceux-ci n'eurent plus droit à la parole et tous les ministères ecclésiastiques furent réservés aux ordres sacrés. Ce changement, si radical qu'il fût, ne suscita pas de trouble : les charismes visibles de l'Esprit avaient cessé, la multiplication de sectes plus ou moins hérétiques ou schismatiques rendait nécessaire l'intervention d'une autorité reconnue, l'enseignement doctrinal prenait le pas sur les services d'entraide communautaire, et les fidèles, pour la plupart illettrés, ne risquaient pas d'émettre quelques prétentions dans cette nouvelle institutionnalisation de l'Église, surtout quand elle devint religion d'Empire au IVe siècle.

Cette évolution de l'Église, qui va dominer le cours de son histoire, ne doit pas empêcher de reconnaître que les premiers chrétiens se sentaient tous solidairement responsables de la mission évangélique, sous la conduite des apôtres du Christ, et qu'ils bénéficiaient tous solidairement à cet effet des dons variés de l'Esprit. Ce fait originaire est une ressource permanente à la disposition de l'Église. Le concile Vatican II a mis ce fait en lumière quand il parle du mystère de l'Église, unie et sanctifiée dans tous ses membres par l'Esprit Saint, le jour de la Pentecôte, pour annoncer et instaurer dans le monde le royaume du Christ et de Dieu ; et il a entrepris d'utiliser cette ressource en faisant appel aux laïcs, membres du Peuple de Dieu, en affirmant qu'ils participent tous à la fonction sacerdotale, prophétique et royale du Christ, ce qui les habilite, dit-il, à exercer des responsabilités et des charges dans l'Église et à prendre des initiatives pour semer la parole de Dieu dans le monde (*Lumen Gentium*, § 4-5 ; 12 ; 31-37). Cet enseignement du Concile est une invitation à l'action missionnaire des laïcs.

La mission du laïcat

L'Église du XXe siècle se trouve en Occident dans une situation inédite : c'est la première fois dans son histoire qu'elle annonce l'Évangile à une société massivement incroyante, agnostique et détachée de la pratique religieuse ; jusque-là prêcher le Christ consistait à exhorter les gens et les peuples à changer de religion, il s'agirait maintenant de leur enseigner Dieu. Mais Dieu est-il objet d'enseignement, la foi en Dieu peut-elle se prescrire comme une vérité évidente ? Les papes essaient de faire parvenir la parole de Dieu à tous les hommes en se plaçant de préférence sur le terrain moral ; mais le monde sécularisé ne reconnaît pas le magistère de l'Église, n'accepte plus son langage autoritaire, et ses prises de position sur les questions sexuelles ont largement entamé le crédit dont elle disposait encore. Les papes d'ailleurs n'acceptent pas volontiers qu'on parle des pays anciennement chrétiens en termes de « pays de mission » ; ils préconisent une « seconde évangélisation » comme un retour aux pratiques religieuses dont nos sociétés se sont affranchies ; ils ont du mal à admettre comme un fait durable le retrait de la religion dont nous avons parlé. Ils n'osent plus enseigner : « Hors de l'Église, pas de salut », mais cet adage est resté le présupposé de la théologie officielle de la mission.

Si l'on est bien convaincu que ce monde a besoin, pour être sauvé, qu'on lui annonce l'Évangile et que cela ne se réduit pas à annoncer l'Église, il faut chercher d'autres moyens que la voix officielle de l'Église hiérarchique pour se faire entendre du monde. Peut-on espérer l'atteindre au moyen des activités pastorales qui se font dans nos églises ? Ces activités constituent certainement un moyen d'évangélisation qui est loin d'être négligeable ; mais le fait que les prêtres sont si peu nombreux et tellement absorbés par les offices du culte, et que la plupart des gens ne fréquentent plus ces offices que de loin en loin et sont si peu disposés à écouter un sermon, ce fait rend très aléatoire la possibilité d'une large diffusion et d'une écoute profitable de l'Évangile dans un cadre proprement religieux. Si donc nous comprenons l'Évangile et l'état présent du monde et de l'Église comme nous essayons d'y réfléchir, il ne reste que l'apostolat des laïcs pour prendre la mission en charge de façon vraie et efficace.

De façon vraie : nous avons admis, en effet, que le témoignage rendu à l'Évangile en tant que voie de salut revenait pour l'essentiel à aider les gens à conduire leur vie selon les préceptes du Christ, qui se résument dans celui de l'amour ; nous avons dit aussi que le souci du royaume de Dieu devait s'inscrire concrètement dans une transformation de ce monde selon l'esprit du Christ. Et prendre en charge de façon efficace la mission ainsi comprise, c'est bien l'affaire des laïcs chrétiens : ils vivent quotidiennement au contact des gens sortis de religion, ils parlent le même langage, ont souvent la même façon de penser, partagent les mêmes idées sur bien des points, et ils ont toutes facilités de mener avec eux des actions communes pour rendre ce monde plus vivable, plus humain, plus conforme à l'Évangile.

On ne doit pas se cacher cependant que cette conception de la mission aux mains des laïcs s'écarte très fort de l'idée traditionnelle que je viens de rappeler et qui était de conduire les gens à l'Église, c'est-à-dire dans une église. Il faudra donc convertir bien des chrétiens à l'idée que la mission repose désormais sur eux. D'assez nombreux évêques et prêtres y encouragent leurs fidèles depuis longtemps dans l'esprit de Vatican II. Toutefois, l'idée de la mission que j'ai développée ne se ramène pas à l'apostolat des laïcs tel qu'il était conçu par l'Action catholique du siècle dernier dont le Concile porte nettement l'empreinte. Elle préconisait l'action d'individus sur d'autres individus de même milieu, comme on disait alors, pour les ramener au Christ, c'est-à-dire à l'Église ; ce pour quoi les évêques entendaient que cet apostolat soit dûment mandaté et contrôlé par eux pour porter au monde la voix de l'Église. Mais les laïcs généreusement engagés dans ces mouvements se rendirent compte que ce genre d'apostolat à fort relent de propagande religieuse ne passait plus, et qu'il fallait enfouir les semences évangéliques profondément dans le monde et attendre patiemment qu'elles portent du fruit. Alors survint la vague de Mai 68 qui entraîna nombre de ces jeunes laïcs loin de l'Église. Des évêques en conclurent que la théorie de l'« enfouissement » avait eu pour seul résultat que ces laïcs s'étaient laissé absorber eux-mêmes par le monde – ils ne surent pas voir que leur théologie du « mandat » en était également sinon principalement responsable.

Il n'en est pas moins vrai que la mission authentique de l'Évangile doit se faire au nom du Christ et en Église, puisque Jésus lui a confié cette mission ; si donc elle ne fonctionne plus sous sa forme hiérarchique, elle devra se faire, comme au début de l'Église, sous une forme communautaire, à partir de communautés missionnaires constituées comme telles. Comment ces communautés seront-elles formées ? La réponse à cette question fera la transition avec le problème des « mutations nécessaires de l'Église » dont vous m'avez demandé de traiter et par lequel je terminerai ma conférence.

Des communautés missionnaires

Il n'y a pas que le lien hiérarchique qui maintienne l'unité de l'Église en union au Christ, il y a aussi, il y a d'abord le lien de la charité, dont Jésus a fait le critère de l'identité chrétienne en donnant aux siens ce signe : « Tous reconnaîtront que vous êtes mes disciples à ceci que vous aurez de l'amitié les uns pour les autres » (Jn 13,35). À une époque où il n'y avait pas encore de hiérarchie instituée et où les communautés étaient dispersées, Paul considérait qu'elles constituaient à elles toutes l'unique Église, corps du Christ, et que cette unique Église est présente en chaque communauté, dès lors que ses membres sont unis entre eux par le même lien de l'Esprit qui fait l'unité du corps total du Christ ; il concevait ce lien de l'Esprit comme le partage de la même foi au Christ, de l'obéissance au même Évangile, du même amour fraternel ; et il identifiait le lien de l'Esprit au lien de la charité, puisque l'amour entre chrétiens naît de la foi au Christ et se nourrit de l'Évangile (1 Co 12-13). Il est donc conforme à l'esprit de l'Évangile et à la pratique de l'Église apostolique de vouloir que la mission soit confiée aux laïcs et se fasse sur une base et sous une forme communautaires.

Pour qu'il en aille ainsi, chaque communauté devra, réciproquement, se donner une configuration et une finalité missionnaires : s'organiser en vue principalement d'un partage d'Évangile et non d'une célébration religieuse, orienter ce partage vers les problèmes qui se posent dans l'espace environnant, l'ouvrir à d'autres personnes désireuses de réfléchir à ces problèmes, prendre en charge cet environnement sociétal, avec ses souffrances et ses besoins, se disposer à des actions concrètes qui pourraient y être menées en s'adjoignant d'autres personnes ou en se joignant à elles. Que l'étude de l'Évangile soit mise au centre de la vie communautaire, c'est la condition pour que les chrétiens apprennent à vivre en tant que disciples du Christ, à vivre de son esprit, de sa pensée, et pour qu'ils soient capables de s'en nourrir mutuellement et de la communiquer aux gens du dehors. Paul, pour ce motif, mettait l'*intelligence* au-dessus des dons de prophétie et des langues, et il l'identifiait à la charité, en tant qu'elle seule pouvait et voulait se mettre au service à la fois de l'*édification de la communauté* et de la communication de la parole de Dieu aux *non-croyants* qui viendraient se mêler aux fidèles (1 Co 13) : « Que faire donc ? Je prierai avec mon esprit (avec mon charisme), mais je prierai aussi avec mon intelligence. [...] Frères, ne soyez pas des enfants dans vos jugements, mais des personnes majeures » (v. 20). Le même acte donc par lequel les chrétiens *s'entre-tiendront* dans l'esprit et l'amour du Christ répandra l'un et l'autre autour d'eux.

À condition, je l'ai dit, que ce partage d'Évangile soit orienté par le souci concret du salut du monde. À condition encore que la parole des chrétiens soit audible et crédible pour des non-croyants imbus des idées de modernité, c'est-à-dire, qu'elle apparaisse inspirée par la liberté de jugement et pas seulement par l'obéissance à une institution religieuse, et qu'elle soit guidée par un véritable intérêt pour les choses du monde et pas seulement pour celles de la religion – cela aussi a été dit. À condition enfin que cette mission du laïcat, avec la liberté de pensée et d'action qu'elle suppose, s'exerce et soit connue comme une mission d'Église –, je ne fais toujours que me répéter sur ce dernier point, mais il concerne le lien hiérarchique, et c'est ici que pointe la nécessité d'une réforme structurelle de l'Église.

Changer les structures de l'Église

Nous voici enfin parvenus à la question que plusieurs d'entre vous attendaient peut-être avec impatience, et j'espère que vous avez compris que je ne l'aborde si tard que parce que j'ai voulu fonder la nécessité de réformer les structures de l'Église sur des arguments sérieux, sur l'Évangile, sur la pratique et l'enseignement de l'Église apostolique, sur la situation contemporaine de l'Église, du monde et de leurs rapports réciproques, sur les besoins et les conditions de la mission dans le contexte actuel ; et je n'ai pas voulu réduire cette réforme à une question de pouvoir et de pouvoir sacré, comme s'il s'agissait d'en enlever à ceux qui en ont ou en ont trop, pape, évêques et prêtres, pour en donner à ceux qui n'en ont pas du tout, c'est-à-dire aux laïcs.

Mais je vous avais aussi laissé entendre que j'aurais assez peu de choses à dire sur ce chapitre des réformes des structures, et je dois le redire au risque de vous décevoir encore plus. Envisager les réformes à faire sera assez facile. Mais beaucoup moins de prévoir les moyens et surtout la possibilité d'entreprendre d'aussi vastes changements. J'essaierai du moins de réfléchir avec vous à la manière de mettre en route un petit début de changement, afin que vous ne partiez pas d'ici sans l'espérance de pouvoir enrayer le déclin missionnaire de l'Église – peut-être sera-t-il possible d'esquisser une pastorale du changement par petits pas de travers et de côté.

La nécessité des réformes

L'ampleur des réformes à entreprendre se devine dès qu'on remarque que l'Église s'est bâtie depuis les siècles les plus lointains sur le seul principe d'autorité, de l'autorité sacrée, absolue, hiérarchique et monarchique ; si donc il s'agit de faire de la place à la liberté des laïcs, ce qui ne se fera pas sans que certains pouvoirs leur soient reconnus, le problème se posera de desserrer les rouages du pouvoir ecclésiastique à chacun de ses niveaux organisationnels. Comment cela se fera-t-il ? J'en parlerai ici d'un point de vue tout théorique et j'y reviendrai d'un point de vue plus pratique à la fin de cet exposé, après que nous aurons admis l'impossibilité d'une réforme venue d'en haut.

Commençons par le bas. Au plus bas niveau géographique et administratif de la pyramide ecclésiale, on trouve la paroisse, organisée en vue des besoins religieux du territoire qu'elle recouvre ; la raréfaction des prêtres a entraîné un mouvement général de regroupement des paroisses qu'on ne cesse et qu'on ne cessera pas dans les années à venir de remanier pour en faire des entités de plus en plus vastes, avec cette conséquence qu'il n'y a plus de communautés chrétiennes dans les communes rurales et dans maints quartiers urbains. La réorganisation en vue de la mission exigera l'arrêt et le renversement de ce mouvement de regroupement dont la finalité est purement cultuelle ; on ne demandera plus aux chrétiens de se rassembler là où il y a des prêtres disponibles, on les laissera se réunir au plus près du territoire dont ils prendront la charge évangélique et qu'ils auront à délimiter eux-mêmes. L'organisation religieuse des groupements pastoraux actuels, avec tous leurs ministères et services, devra être reconvertie aux fins missionnaires des communautés à instaurer. Puisqu'elles devront se présenter au monde moderne sous une figure qui témoigne de la liberté selon l'Évangile que l'Église est censée reconnaître à ses fidèles, l'évêque laissera ces communautés se gérer et s'organiser elles-mêmes sous un mode démocratique, il les contrôlera discrètement mais en respectant leur autonomie et les décisions prises par leurs dirigeants et responsables. Puisqu'il n'y a pas de communauté chrétienne sans vie sacramentelle et eucharistique, il habilitera leurs dirigeants à y pourvoir. Enfin, il leur fournira toute l'aide nécessaire, soit pour leurs besoins religieux, soit pour leur formation doctrinale, en mettant ses prêtres à leur disposition.

Mais on ne peut pas envisager l'organisation missionnaire du niveau de base sans être tout de suite obligé de s'élever à un niveau supérieur. Le besoin des communautés de recourir aux services du presbytérium diocésain en est un premier exemple, d'autant plus que se posera le problème des besoins religieux de nombreux baptisés qui ne fréquenteront aucune communauté pas plus qu'ils ne le font aujourd'hui. Les besoins du travail missionnaire exigeront aussi que les communautés d'un même secteur ou diocèse se concertent entre elles pour délimiter leurs terrains respectifs et s'épaulent soit pour unir leurs forces sur un même champ d'activité soit pour se répartir des types d'actions spécifiques. La remontée à un échelon supérieur, disons diocésain, requerra que les décisions à prendre soient délibérées et arrêtées en commun et que leur exécution fasse aussi l'objet d'un contrôle commun. Le respect de la responsabilité des laïcs de la base exigera qu'ils délèguent leurs représentants, hommes et femmes, élus démocratiquement, à tous les échelons et dans tous les offices où se fait la prise de décision, et que leur voix ait le même poids décisionnel que celle du pouvoir ecclésiastique ordonné.

Jusque-là la mise en route des changements sera rude sans paraître absolument impossible. Mais il faudra vite remonter plus haut encore. Quand on observe, en effet, comment travaillent de nos jours les évêques de France, et d'ailleurs, on voit mal un évêque prendre isolément des mesures aussi nouvelles, sinon révolutionnaires, que celles que nous envisageons sans en discuter avec ses collègues des diocèses voisins et, très vite, avec l'ensemble des évêques français en vue de parvenir à un consensus. Il faudra du coup organiser la représentation responsable du laïcat au niveau national. D'ailleurs cela s'avérera nécessaire du seul point de vue missionnaire, ainsi que l'Action catholique en a fait l'expérience depuis longtemps, parce que la prise en compte de toutes les données d'un problème, dès lors que la mission est conçue en termes de service du monde, exige la visée de l'universel, la visée des divers aspects, culturel, économique, politique, du service qu'on voudra rendre pour témoigner de l'Évangile au niveau d'une Église nationale. Et si l'on prend le point de vue de la communion à l'Église universelle, une petite communauté lui sera d'autant plus unie qu'elle s'élèvera au-dessus d'un bien purement local pour articuler son travail missionnaire sur celui de l'Église répandue en tous lieux.

Mais je n'ose élever mon regard aussi haut ni le porter aussi loin, et je m'empresse de poser la question des conditions de possibilité des changements structurels envisagés.

La possibilité des changements

Je ne parlerai pas des *moyens* de réaliser tous ces changements, des structures à mettre en place, des organismes et des régulations à prévoir, des statuts juridiques à élaborer, car tout cela exigerait des compétences que je ne possède à aucun degré. Quant à la *possibilité* concrète de voir se réaliser de tels changements et se mettre en place des structures nouvelles en toute tranquillité et dans un délai raisonnable, il est honnête de dire qu'elle est nulle, tant cela exigerait de déstructurations radicales. Cela mérite un mot d'explication.

Le motif de déclarer forfait dès qu'on s'élève au-dessus du local dans la voie des restructurations est simple et impérieux : la conception et l'organisation du pouvoir dans l'Église étant ce qu'elles sont, on ne voit aucun responsable diocésain oser prendre des décisions du genre de celles que j'ai évoquées sans l'aval de la Conférence nationale des évêques de France, et il en irait de même en d'autres pays, et on ne voit pas davantage ladite Conférence s'emparer du problème sans en référer d'abord à Rome ; à vrai dire, je ne la vois même pas oser le porter à Rome, tellement elle serait sûre d'avance du résultat négatif de sa démarche, ou plutôt parce qu'elle lui aurait spontanément opposé le refus qu'elle recevrait de Rome si d'aventure elle lui soumettait de telles propositions.

Pourquoi, dans ce cas, me suis-je permis d'y penser ? Parce que je disposais de l'éclairage et de l'appui du Nouveau Testament en son entier et de la tradition primitive de l'Église. Mais le magistère romain a pour habitude et pour règle d'interpréter la révélation du point de vue souverain de sa tradition propre, celle des conciles et des déclarations pontificales. À vrai dire, cette tradition, telle qu'elle s'énonce aujourd'hui, ne remonte pas en deçà de la réforme grégorienne du XIe siècle qui a établi la suprématie du pouvoir sacré et spirituel sur le pouvoir laïc et profane. Mais qu'importe ! La papauté, arc-boutée sur la parole de Jésus qui confie son Église à Pierre (Mt 16,18), se voit instituée par lui seul juge suprême de la révélation, seul guide des destinées de l'Église qu'elle gouverne par le moyen du pouvoir épiscopal et sacerdotal, qui a sa source dans le Christ. Qu'importe que Jésus ait prononcé une seule fois le mot Église pour évoquer le Royaume des cieux (Mt 16,19), qu'il n'ait envisagé de pouvoir chez ses apôtres que sous le mode du service le plus humble (Mt 20,26), qu'il ne soit question de sacerdoce dans le Nouveau Testament qu'à propos du peuple chrétien (1 P 2,5), qu'importe tout cela : il n'est de vie et de pouvoir dans l'Église que grâce à la transmission du sacerdoce. S'il vient à tarir, l'Église est vouée à dépérir. On comprend que les évêques, affolés, aillent chercher des prêtres aux quatre coins du globe, tandis que d'autres songent à l'ordination d'hommes mariés, mais ce n'est et ne pourra être que des remèdes de fortune. Alors comment pourrait-on donner la priorité à l'annonce de l'Évangile au monde sécularisé quand l'Église n'est préoccupée que de survivre et paraît condamnée à brève échéance ?

Voilà pourquoi il est vain de penser que l'Église puisse changer ses structures : il lui faudrait se déjuger sur trop de points capitaux à ses yeux. Tout ce qu'on peut espérer, c'est que, lorsqu'elle sera à bout de ressources, l'Esprit Saint lui fera voir qu'elle détient dans l'Évangile toute possibilité pour s'innover sans avoir à se renier. Mais devra-t-on attendre pour cela d'être au bord du gouffre ? Non, je voudrais vous laisser sur une parole d'espérance, mais elle ne peut être que rude. Nous avons appris de saint Paul que le christianisme est fondé sur la faiblesse et la folie de la Croix, qui se révèlent au croyant comme la force et la sagesse de Dieu (1 Co 1,21-25). Espérance sans illusion, puisque la vie ne peut sortir que de la mort, qu'il faut donc au préalable accepter. Une revue française titrait au début de l'année sur « Le déclin du catholicisme européen »; on y lisait des diagnostics de ce genre : « Le catholicisme n'est certes pas encore mort, il n'est même pas en phase terminale, son "cadavre bouge encore" pour reprendre le titre d'un livre célèbre, et pourtant, en Europe, il semble parfois proche de la retraite »; l'article analysait le motif de douter de son rétablissement : c'est que toute réforme est exclue d'avance, que l'Église entend « maintenir à tout prix un statut sacerdotal né comme tel au Moyen Âge » et manifeste une « volonté d'autoconservation presque suicidaire »; alors que d'aucuns mettent leur espoir dans un revival religieux, concluait l'auteur. « Revient toujours la question : l'Europe, berceau du christianisme, est-elle le passé ou le futur des religions ? » (*Esprit*, fév. 2010, J.-L Schlegel, p. 79, 82 et 88). S'il y a un motif d'espérer contre toute apparence, c'est de miser sur l'Évangile, non sur la religion. C'est ce que nous avons fait, et c'est sur ce terrain-là qu'il est possible de mettre en œuvre un début de changement.

Pour un début de changement

J'achèverai donc ma réflexion, mais il vous reviendra de la poursuivre, en ébauchant ce que pourrait être la mise en chantier d'une politique de réformes structurelles, ce que j'ai appelé voici quelques instants une pastorale du changement à petits pas de travers et de côté, je veux dire en procédant modestement et patiemment, en faisant de petits écarts par rapport aux règles habituelles, pas graves mais renouvelés, en laissant mourir quelques traditions vieillottes, en faisant des innovations audacieuses, sans provocation mais soutenues, en prenant des initiatives, en osant, encore et encore.

La première chose sera de faire exister une communauté, même réduite à quelques chrétiens, là où il y avait auparavant une paroisse, maintenant rattachée à un plus vaste ensemble. Là où il y a un lieu de vie, un centre d'habitations, une agglomération de quelque importance, un quartier urbain doté d'une vitalité propre, là doit revivre une présence d'Église, car là se trouve un terrain à évangéliser. Cela ne représente pas une innovation bien audacieuse, car cela se fait en maints endroits. Mais ce sera un premier acte créatif, la première marque de la volonté de laïcs de prendre en charge leur vivre-en-Église, de prendre la responsabilité d'un lieu pour y donner de la visibilité à l'Évangile, et ce sera aussi un premier acte de rupture, non avec les autres chrétiens du regroupement inter-paroissial ni avec les prêtres responsables du secteur, mais avec la passivité de brebis satisfaites d'aller au bercail, satisfaites de la nourriture que d'autres leur ont préparée, un petit accroc dans un organigramme officiel et traditionnel.

Ensuite, il faudra vite afficher la spécificité de cette petite communauté, sa raison d'être, à savoir d'être organisée en vue d'un partage d'Évangile. Un programme d'étude devra être établi, une méthode de travail, un calendrier des rencontres. Ce sera aussi un lieu de prière, dont le genre se précisera peu à peu, adapté au partage d'Évangile ; et il sera important que vous preniez ainsi la responsabilité de votre vie spirituelle, que l'Évangile devienne pour vous le lieu de votre rencontre avec Jésus, et pas seulement un objet d'étude. Vous aurez sans doute à décider un jour ou l'autre que cette réunion de prière, quitte à l'étoffer davantage, vous tiendra lieu de la messe dominicale : nouvel acte de rupture avec la routine liturgique, nouvelle marque d'indépendance, un petit pas de travers qui ne vous éloignera pas vraiment des autres chrétiens de l'inter-paroisse, mais qui vous aidera au contraire à devenir des animateurs responsables des messes qui se font sur le secteur.

Une autre étape importante sera d'affiner et d'activer le profil missionnaire de la communauté. Il y aura à discerner les problèmes qui doivent mobiliser par priorité votre activité missionnaire, non des problèmes religieux, mais humains, quoique discernés à la lumière de l'Évangile. De même que Jésus, dans ses tournées missionnaires, se tournait d'abord vers les malades et que, dès qu'il prenait la parole en parabole ou autrement, il s'intéressait d'emblée à la conduite concrète des gens les uns vis-à-vis des autres, au comportement d'un fils à l'égard de son père, des riches à l'égard des pauvres, des Judéens envers les Samaritains, de même donc que Jésus annonçait le royaume de Dieu en prenant à bras-le-corps des problèmes d'humanité, de même vous aurez à observer où il y a autour de vous le plus de souffrance à soigner, le plus d'injustice à réparer, le plus d'incompréhension entre les gens, les besoins d'entraide les plus criants, où sont les blessures d'humanité à guérir, celles du moins auxquelles il vous est possible de porter remède, par vous-mêmes et en mobilisant le dévouement d'autres personnes. Car vous ne serez pas pleinement missionnaires en restant toujours entre vous, mais en vous faisant aider par des non-croyants ou des non-pratiquants, ou en vous joignant à eux s'ils travaillent déjà sur le même terrain, et aussi en les invitant à vos réunions pour réfléchir ensemble à ces problèmes. Vous aurez alors à appliquer la consigne de Paul : ne pas prier avec l'*esprit* seul, comprenez : avec votre sensibilité religieuse, mais encore avec l'*intelligence*, à savoir : en *interprétant* conjointement l'Évangile et les *signes des temps*. Et vous découvrirez alors vous-mêmes et ferez découvrir aux autres à quel point la pensée du Christ recouvre, éclaire et stimule le *sens de l'humain*.

Et je passe vite à une troisième étape. Dès qu'une communauté de ce type aura été formée sur un secteur paroissial, ou du moins dès qu'elle aura acquis assez d'expérience, elle devra se préoccuper d'essaimer, de susciter la création d'une autre communauté, et d'autres ensuite sur le même secteur. Cela pour accroître sa zone d'influence, pour bénéficier des réflexions et des expériences d'autres communautés, ou parce que les activités missionnaires déjà entreprises ou qu'il faudrait entreprendre exigent l'élargissement du champ d'action primitif et l'apport de nouveaux concours, et plus simplement parce que l'esprit missionnaire et évangélique pousse à aller de lieu en lieu, ainsi que le faisait Jésus, et même à parcourir l'univers, ainsi qu'il y a poussé ses apôtres.

À mesure que s'accroîtra le nombre des communautés sur un même secteur, que s'élargira le champ de leurs activités missionnaires et que leur nature se diversifiera, des problèmes se poseront, qui réclameront de nouveaux pas de côté et de travers. La responsabilité étendue des laïcs appellera leur représentation dans les instances dirigeantes du secteur, et il s'ensuivra un partage du pouvoir clérical. Les communautés du secteur voudront se réunir entre elles et célébrer leur union en corps du Christ ; cela commencera par se faire sous l'ancien modèle des Assemblées dominicales en l'absence de prêtre (ADAP), et cela évoluera sous forme de nouvelles liturgies eucharistiques, car pourra-t-on refuser à une communauté l'aliment naturel et nécessaire de la vie chrétienne, le signe d'identité et de partage sous lequel est né le christianisme ?

Cette évolution ne se fera pas sans heurts, sans bousculer les us et coutumes des fidèles et le positionnement réciproque des clercs et des laïcs. Tant mieux, disait Paul aux fidèles de Corinthe, à propos justement des troubles de leurs assemblées eucharistiques : « Car il faut bien qu'il y ait des dissensions entre vous pour que les esprits éprouvés se mettent en évidence chez vous », et il concluait : « Attendez-vous les uns les autres » (1 Co 11,19.33). Il ne faut pas fuir les affrontements quand on y est poussé par un esprit évangélique dûment discerné en commun, on saura cependant ne pas avancer trop vite ni trop loin pour que les retardataires puissent rejoindre le peloton de tête. D'ailleurs ces avancées pourront se faire plus facilement qu'on ne le pense, parce que de nombreux chrétiens parmi les plus assidus et les plus actifs partagent en gros le même esprit, et qu'il ne manquera pas de prêtres et d'évêques, restés fidèles à la ligne de Vatican II et bons observateurs des signes des temps, qui ne seront pas mécontents d'être un peu bousculés par leurs fidèles et qui prendront même les devants pour se décharger sur eux d'une part de leurs responsabilités et de leurs soucis. Ainsi me paraît-il permis d'espérer qu'une évolution se fasse sans trop de difficultés ni de dégâts.

Que peut-on attendre d'autre ? Que le changement se fasse par en haut ? J'ai dit pour quels motifs il est impossible que le pouvoir suprême de l'Église aille à l'encontre de la tradition qui l'a mis en place, et a-t-on jamais vu où que ce soit une administration se saborder pour se réformer? Espérer un revival des vocations sacerdotales? Une société qui ne produit plus de prêtres est une société qui ne désire plus se reproduire sur le modèle de son passé religieux. Quand on aura renoncé à ces vains espoirs, il paraîtra évident que le changement ne pourra venir que d'en bas, et quand des laïcs chrétiens l'auront amorcé, poussés par le souffle de l'Esprit, l'ensemble de l'Église saura y reconnaître la voie de son salut.

La société aussi, l'Esprit nous en donne l'espérance. Car elle n'a rejeté si globalement le christianisme que sous son visage religieux et autoritaire, qui voilait sa réalité évangélique. Mais le christianisme se présentera sous un jour tout différent, quand les laïcs y occuperont le devant de la scène, avec une légitimité reconnue, et qu'ils travailleront à restaurer le sens de l'humain dans le monde. On ne pourra plus dire que l'Église est l'ennemie de la liberté, ni qu'elle cherche à régenter la société, ni qu'elle ne s'intéresse qu'aux choses du ciel, et la religion chrétienne paraîtra en tant que telle toute changée, quand de nombreuses fonctions réservées aux clercs seront exercées par des laïcs. Le pouvoir, partagé, aura changé de nature, il sera devenu un service, conformément à la volonté de Jésus. Notre société pourra alors reconnaître dans le christianisme les mêmes idées à cause desquelles elle l'avait rejeté, le vrai humanisme dont l'Évangile est la source. Et on ne pourra plus dire, comme nous l'avons lu, que le christianisme est moribond et suicidaire, quand l'Esprit de l'Évangile lui aura donné une vitalité nouvelle par la libération de son laïcat.

Rêverie, crédulité aveugle, ou optimisme béat ? Rien d'autre qu'une tremblante espérance.

Réponses du père Joseph Moingt à des questions posées à l'issue de la conférence

Jésus et la religion

Jésus n'est-il pas souvent contre la religion, nous rappelant la prééminence de la vie évangélique (et donc humaine) sur un culte qui ne peut qu'être l'expression de cette vie ?

Jésus est dans la tradition des prophètes. Les prophètes parlent très rarement de la Loi. Les prophètes ont souvent des positions très dures contre le culte, surtout quand le culte sert d'alibi à l'injustice. Jésus est tout à fait dans la ligne des prophètes quand il dénonce le pharisaïsme. Dire qu'il est contre la religion, je ne le dirai peut-être pas exactement. Il est certainement contre une certaine pratique de la religion, c'est absolument évident, sans quoi il n'aurait pas été conduit à la croix. Il ne faut pas oublier que ce sont des hommes de religion qui l'ont mis à mort parce qu'il détournait de la religion.

Comme Jean-Baptiste déjà, par la prédication de la pénitence et par le baptême, il faisait concurrence au Temple, parce que normalement la purification des péchés se faisait par des sacrifices dans le Temple.

Donc il est incontestable que Jésus prenait une position distante et critique à l'égard de la religion, d'autant plus qu'il n'était pas prêtre, n'étant pas d'une famille sacerdotale ; et c'est pourquoi aussi il suscitait la méfiance des prêtres qui se demandaient de quel droit un laïc, de surcroît venant du fond de sa province, venait prêcher aux gens. C'est certain, Jésus rappelle toujours la prééminence de la vie évangélique.

Je n'ai pas voulu présenter Jésus comme un adversaire de la religion. Je n'ai pas tenu de propos contre la religion. Je constate cependant que la religion n'a pas toujours un visage évangélique et qu'elle n'est pas bonne quand elle n'est pas évangélique. C'est rigoureusement tout le propos que j'ai tenu.

D'une certaine manière, quand je préconise que des chrétiens se réunissent entre eux pour partager l'Évangile, on peut le considérer comme une pratique de religion, mais c'est tout à fait évangélique, ce n'est pas une pratique institutionnelle, ni cultuelle, etc.

Jésus et l'Église hiérarchique

Jésus n'a-t-il pas choisi ses apôtres ? (cf. Mc 3,16)... Cela n'est-il pas la trace d'une volonté d'organisation, d'autorité ? C'est aussi sur Pierre que Jésus bâtit[1]*... pas malgré !*

Jésus n'a pas laissé d'organigramme pour une religion. On dit qu'il a choisi les apôtres, bien entendu. Est-ce que c'est la trace d'une volonté d'organisation ? Bien entendu. D'autorité ? J'aimerais voir. C'est aussi sur Pierre que Jésus a jeté son dévolu, oui, mais il faudrait mettre un certain nombre de bémols à cette affirmation-là. Il ne faut quand même pas oublier le reniement de Pierre, qui est mis en valeur dans les

1. Allusion à Mt 16,18-19 : « Tu es Pierre et sur cette pierre je bâtirai mon Église », suivi, quatre versets plus loin, de : « Retire-toi, derrière moi, Satan », phrase, moins souvent citée, adressée par Jésus à Pierre ! (*NDLR*).

évangiles. Il ne faut pas oublier le chapitre 21 de saint Jean, où Pierre est pardonné, mais non pas sans que Jésus lui ait remis en pensée son triple reniement.

Ensuite Jésus attendait l'arrivée rapide du Royaume de Dieu. Il n'a jamais pu faire le projet d'une Église appelée à durer à travers les siècles. Dire cela, c'est insoutenable si on lit les évangiles de manière un peu correcte.

Liberté et obéissance

L'Esprit de liberté, l'Esprit du Christ, n'est-il pas celui qui lui fait dire aussi : « Il faut que le Fils de l'homme souffre[2] », « Qui veut venir à ma suite, qu'il prenne sa croix[3] » ? Faut-il éradiquer du Nouveau Testament l'obéissance ?

---

2. Allusion à Luc 9,22 : « Il faut que le Fils de l'homme souffre beaucoup, qu'il soit rejeté par les anciens, les grands prêtres et les scribes, qu'il soit mis à mort, et que le troisième jour il ressuscite » ; et aussi à Luc 24,26 (paroles post-pascales) : « Ne fallait-il pas que le Christ souffrît cela et qu'il entrât dans sa gloire ? » (Jésus aux disciples d'Emmaüs). (*NDLR.*)
3. Allusion à Mt 16,24 : « Alors Jésus dit à ses disciples : Si quelqu'un veut venir à ma suite, qu'il se renie lui-même et prenne sa croix, et qu'il me suive. En effet qui veut sauvegarder sa vie la perdra ; mais qui perd sa vie à cause de moi l'assurera. » (*NDLR.*)

Non, certainement pas. Encore faut-il que cette obéissance soit selon l'Évangile et il ne faut pas oublier que, pour Jésus, c'est d'abord la volonté d'obéissance à son Père, à Dieu. Et donc toute obéissance doit passer par le critère de cette obéissance au Père.

Je n'ai pas cherché à opposer obéissance et liberté. Je demande seulement que ceux qui prônent l'obéissance à l'Église se rappellent que, d'abord, il y a aussi la liberté et que l'obéissance ne doit pas aller contre la liberté. On pourrait discuter à perte de vue sur le sujet, mais ce n'est pas tout à fait notre sujet (à quoi faut-il obéir? Quel genre de liberté? Quel degré?).

Quand Paul dit aux Galates: « C'est à la liberté que le Christ vous a appelés », c'est directement contre certaines pratiques religieuses, c'est-à-dire contre un retour des chrétiens à la judaïsation, et donc contre un retour à la religion.

Un concile s'interprète en fonction de ses innovations

À la lecture du § 14 de Lumen Gentium[4]*, il me semble que l'esprit du Concile est plutôt dans une communion avec la hiérarchie que dans une dénonciation de son identité. Cela me semble aussi présent dans* Apostolicam Actuositatem *(AA 23*[5]*) et Ad Gentes (AG 21*[6]*).*

---

4. *LG* 14, Les fidèles catholiques : ce texte, donnant une version adoucie du « Hors de l'Église pas de salut », identifie le Corps du Christ à l'Église catholique et précise : « Sont incorporés pleinement à la société qu'est l'Église ceux qui, ayant l'esprit du Christ, acceptent intégralement son organisation et tous les moyens de salut institués en elle et qui, grâce aux liens constitués par la profession de foi, les sacrements, le gouvernement ecclésiastique et la communion, sont unis, dans l'ensemble visible de l'Église, avec le Christ qui la dirige par le Souverain Pontife et les évêques. » (*NDLR.*)
5. AA : *Apostolicam Actuositatem* : décret sur l'apostolat des laïcs, n° 23 : Les dispositions à observer (introduction) : « L'apostolat des laïcs, individuel ou collectif, doit s'insérer à sa vraie place dans l'apostolat de toute l'Église. Qui plus est, son lien avec ceux que l'Esprit Saint a constitués pour paître l'Église de Dieu (*cf.* Ac 20,28) est un élément essentiel de l'apostolat chrétien… » (*NDLR.*)
6. *AG, Ad Gentes divinitus* : décret sur l'activité missionnaire de l'Église. N° 21 : Promouvoir l'apostolat des laïcs : « L'Église n'est pas fondée vraiment, elle ne vit pas pleinement, elle n'est pas le signe parfait du Christ parmi les hommes si un laïcat authentique n'existe pas et ne travaille pas avec la hiérarchie. […] Bien plus, là où c'est possible, les laïcs doivent

Je n'ai pas cherché à nier l'identité de la hiérarchie. Je fais remarquer que le Concile est un texte de compromis où les conflits sont visibles. Vous n'avez qu'à comparer le chapitre premier et le chapitre 3 de *Lumen Gentium* où nous avons deux présentations différentes de l'Église et du don du Saint-Esprit : dans le chapitre premier, l'Esprit Saint descend sur l'Église tout entière ; dans le chapitre 3, il est réservé aux apôtres et à leurs successeurs.

Nous savons très bien que, dans Vatican II, il y a des textes qui portent très fortement les réticences de ce qu'on appelle la minorité conciliaire, insérés dans les vues de la majorité. Et donc il y a certainement une question d'interprétation du Concile qui est en cause.

Si on tient compte du chapitre premier de *Lumen Gentium* et des chapitres sur les laïcs, on ne peut pas tout ramener à l'obéissance à la hiérarchie.

C'est un fait que Vatican II, du moins pour la majorité, a voulu mettre plus de jeu dans le

---

être prêts, en une collaboration plus immédiate avec la hiérarchie, à remplir une mission spéciale pour annoncer l'Évangile et communiquer la doctrine chrétienne, afin de rendre plus vigoureuse l'Église naissante. » (*NDLR.*)

principe d'obéissance et a voulu rappeler aussi le principe de la liberté, et c'est notamment tout le thème de *Gaudium et Spes*[7]. Alors, bien sûr, aujourd'hui, ce qu'il y a de plus attaqué dans Vatican II, c'est *Gaudium et Spes.* Il n'empêche que *Gaudium et Spes* reconnaît précisément ce qu'il y avait d'innovation dans Vatican II, et ceux qui rejettent *Gaudium et Spes* – il y a parmi eux des cardinaux et des évêques, et on est alors obligé, par respect pour la hiérarchie, de les suivre –, ce sont des gens qui sont hostiles précisément à cet esprit du Concile.

Alors vient la question de savoir comment interpréter un concile. Si vous dites que c'est dans le respect de la tradition, moyennant quoi vous supprimez tout ce qu'il y a d'innovation dans

---

7. *Gaudium et Spes, Constitution pastorale sur l'Église dans le monde de ce temps,* est l'un des principaux documents de Vatican II. Elle a été promulguée le dernier jour du Concile, le 8 décembre 1965. Elle énonce que l'Église est dans le monde et du monde, profondément solidaire de l'histoire humaine au sein de laquelle, en annonçant l'Évangile, elle fait vivre l'esprit du Christ. Dans son livre *Principes de la théologie catholique*, publié en 1982, le cardinal Ratzinger a déclaré que *Gaudium et Spes* était largement perçu comme un *contre-Syllabus* (le *Syllabus*: texte de Pie IX annexé à l'encyclique *Quanta Cura* de 1864 et condamnant quatre-vingts propositions réputées « modernistes »).

Vatican II. Peut-être que la majorité de la hiérarchie actuelle va dans ce sens ; c'est bien possible.

Mais il y a une règle ordinaire : un concile est toujours jugé à ce qu'il apporte de nouveau. Et les canonistes qui ont l'habitude d'interpréter les documents ecclésiastiques savent faire le tri et voir la chose qui n'a jamais été dite, et ils disent alors : voilà ce que dit ce document pontifical. On a donc tout à fait le droit, si on interprète correctement le Concile, de dire qu'il faut respecter la nouveauté de Vatican II. Et les chrétiens, les évêques, les papes, qui voudraient tout ramener de Vatican II à Vatican I et à Trente, sont en train de saper rigoureusement la possibilité d'une ouverture de l'Église sur le monde, c'est-à-dire la possibilité d'une parole vraiment évangélique.

Évangile et pratique religieuse

Comment un homme qui refuse la religion peut-il accepter de se plonger dans l'Évangile ?

J'ai souvent rencontré ce cas. Je pense que vous avez tous fait l'expérience de la possibilité de parler de l'Évangile à des gens qui, se disant incroyants, ne désirant pas devenir croyants, vous disent : c'est beau, c'est fort, c'est nécessaire.

Comment comprendre l'Évangile quand on n'a pas été initié à son langage, à son vocabulaire ? Travailler l'Évangile en petits groupes, oui, mais a-t-on le savoir suffisant ?

C'est maintenant devenu davantage possible grâce au grand nombre de travaux de vulgarisation (revues ou livres) et à la multiplication des groupes de lecture. Mais il est incontestable que cela demande un certain travail.

Vous avez dit : « La nouvelle mission du chrétien n'est plus de parler de sa religion (ou de son Dieu) mais de vivre sa foi en suivant l'Évangile. » Comment, alors, proposer une vie de foi à quelqu'un, sans lui parler de la messe, quand on vit sa propre vie de foi en la nourrissant par l'Eucharistie et la lecture de la Bible, l'écoute du sermon ?

Il n'y a pas de contradiction. D'abord il n'y a pas de messe dans l'Évangile. Il y a l'eucharistie ; il ne faut pas la comparer trop vite à la messe.

Y a-t-il possibilité d'une vie de foi sans la messe ? Encore une fois c'est une question de visée, de visée finale. Est-ce que vous mettez la pratique de la religion au-dessus de l'esprit de l'Évangile ? Il faut accepter de poser la question avec cette brutalité-là, sans quoi on est toujours dans les faux-fuyants. Est-ce que l'Évangile suffit, oui ou non ?

Ceci dit, pour ma part, je n'ai rien contre la messe. Imaginez-vous que, dans ma communauté, je la pratique chaque jour – et elle est communautaire, ce qu'elle n'est pas forcément par ailleurs, pas toujours.

Jésus ne donne aucune consigne de religion pour aller au Père. Jésus nous dit comment traiter avec le prochain. Il y a quand même beaucoup de choses à dire en ouvrant l'Évangile sans avoir besoin de parler de la messe. Alors, que les chrétiens aient besoin de se nourrir de l'eucharistie ? Bien entendu. Si vous n'en éprouvez pas le besoin, c'est qu'il y a quelque chose à revoir.

On peut tout de même se référer à l'Évangile sans parler d'aller à l'église et de pratique des sacrements. Ce n'est pas pour dire : surtout n'en parlez pas. Le jour où vous pouvez en parler, tant mieux. Qui peut ne pas désirer que les gens avec qui il parle puissent communier avec lui dans l'eucharistie dans une communauté fraternelle ?

Ce qui a été dit dans cette conférence ne relève-t-il pas de l'utopie ?

Non ! Voyez-vous, j'ai passé quinze jours à rédiger cette conférence, quinze jours intégralement : je l'ai fait avec un souci d'argumenter, et d'argumenter à partir de l'Écriture. Donc je n'ai pas cherché à construire une utopie.

Quand j'ai parlé des communautés missionnaires, je n'avais rien d'autre dans l'esprit que les premières communautés chrétiennes et aussi, comme certains me l'ont fait remarquer, les communautés du diocèse de Mgr Rouet, les communautés de l'Action catholique, etc. Il ne s'agit donc pas d'utopie.

Parler d'utopie est une façon d'esquiver les dissensions qui peuvent exister entre nous.

Voyez-vous, je me réfère à saint Paul disant aux Corinthiens qu'il est bon qu'il y ait parmi eux des dissensions. Non pas qu'il soit bon qu'il y ait de l'hostilité. Mais nous sommes à une époque où il faut parler clair : tu penses ceci, moi je pense cela. Si on a peur de dire ses dissentiments, eh bien c'est simple, on continuera toujours la même chose, ça veut dire que rien ne changera et, pour l'Église, ça veut dire qu'elle continuera à dégringoler.

II

L'humanisme évangélique[1]

« L'humanisme évangélique » : j'avais fait, voici quelques années, un article qui avait ce titre-là dans la revue *Études*. Quels hommes l'Évangile nous invite-t-il à devenir ? Est-ce cela l'humanisme évangélique ? Oui, c'est cela. Et quelles communautés mettre en place pour y parvenir ? De quels types de communautés avons-nous besoin aujourd'hui pour nous humaniser ?

Je n'entrerai pas, je pense, dans des considérations ou des conseils très pratiques. Je vous laisserai le soin de tirer vous-mêmes vos propres

---

1. Conférence donnée le 27 mars 2011 lors de la Rencontre de la Communauté chrétienne dans la cité (CCC). Le texte ci-après est un compte rendu revu par l'auteur.

conclusions. Mais il s'agit bien de nous rendre plus humains, de nous aider à avancer sur notre chemin d'humanité et que cela nous soutienne dans l'approfondissement de notre foi.

Quel rapport y a-t-il entre notre appartenance à la foi chrétienne, notre volonté d'être chrétiens et cette démarche d'humanité, d'humanisation, de devenir davantage hommes? Voilà ce qui sera au cœur des réflexions que je vais vous proposer. Elles comporteront trois pistes de réflexions. Ces réflexions, vous pourrez les développer par la suite.

Une première sera de réfléchir à l'avenir du christianisme, à son présent même, à partir de ce qui se passe, en ce moment, sur la scène internationale, je veux dire à partir des révolutions arabes. Ceci devrait nous conduire à une conception du christianisme davantage orientée vers l'*éthique* évangélique que vers le christianisme comme religion et pratique religieuse – éthique plutôt que religion.

Je vous proposerai ensuite une seconde piste de réflexion sur la vie du chrétien en Église actuellement, et je partirai de l'idée d'un vieux philosophe grec, l'idée d'Aristote que l'homme est un animal politique. Ceci nous amènera à réfléchir à notre citoyenneté chrétienne et à nos droits politiques en Église, pour inviter à construire la vie en Église comme un *espace de parole* plutôt que comme un espace rituel.

Enfin une troisième piste de réflexion concernera l'annonce de l'Évangile. Comment annoncer l'Évangile aujourd'hui, à partir de l'invitation de Vatican II dans *Gaudium et Spes*: *C'est l'homme qu'il s'agit de sauver, c'est la société humaine qu'il faut renouveler*. Ceci pour nous inviter à comprendre l'Évangile en tant qu'annonce, l'Évangile dans son étymologie de « Bonne Nouvelle », afin de comprendre et annoncer l'Évangile en termes de *sens* plutôt que de salut, de salut éternel.

Voilà les trois pistes de réflexions que je voudrais vous proposer.

Première piste de réflexion: l'avenir du christianisme comme éthique évangélique

Il y aura quatre points:

- Les révolutions du monde arabe. Quelles réflexions cela nous inspire?

– Et nous comparerons ce qui se passe dans le monde arabe avec ce qui s'est passé et qui se passe de nos jours dans le monde occidental, dit chrétien.
– Quel avenir du christianisme sous l'horizon du retrait de la religion ?
– En conclusion : le christianisme comme éthique plutôt que comme religion.

Qu'est-ce qui se passe dans le monde arabe ? Comment peut-on l'interpréter ?

Beaucoup d'interprétations sont données, en ce moment, dans les journaux. C'est la révolte d'une jeunesse étudiante éclairée. C'est la révolte des classes moyennes qui voudraient accéder au pouvoir. C'est la révolte des pauvres due à la paupérisation du peuple tandis que les gouvernants se remplissent les poches. Oui, c'est tout cela.

Pour moi, ce que je vois dans ces révolutions arabes, c'est la désagrégation d'un espace social qui avait été cimenté par la religion. Je ne dis pas que c'est la destruction de la religion islamique. Non, pas du tout. Tout le monde sait qu'il doit y avoir des groupes islamistes en embuscade qui vont chercher à profiter de cette révolution arabe. Mais je vois d'abord un espace social qui avait été, et qui est encore, cimenté par la loi religieuse, par la charia, par la loi coranique, se décomposer, se déconstruire.

On a beaucoup évoqué une invasion de l'esprit des Lumières due à la modernité occidentale. C'est sûr. Il n'y a plus de frontières complètement opaques entre les pays. Et l'esprit du monde occidental envahit en ce moment le monde arabe. Or qu'est-ce que le monde occidental ? C'est un monde qui est sorti de la religion. C'est quelque chose comme cela qui se passe dans le monde arabe.

En France, comme en Europe en général, la modernité a été expliquée comme une victoire du rationalisme sur l'esprit religieux. Ce n'est pas cela exactement que je veux dire. Je pense que ces révolutions arabes sont menées par des gens qui se disent et qui sont certainement d'authentiques croyants islamiques.

Donc je ne prétends pas que les révolutions arabes sont une lutte contre la religion islamique, mais je veux dire qu'elles sont en train de détruire une culture de société façonnée par plusieurs siècles d'islamisme. Et donc, ce qui s'écroule, c'est la société archaïque, la société patriarcale dont la religion était le lien social. Ce que nous voyons à cet égard se produire dans le monde arabe et qui éclaire peut-être ce qui se passe dans le monde occidental, c'est que la société n'a plus besoin de la religion comme lien fédérateur, comme lien associatif. Toutes les sociétés sont construites sur l'union du religieux et de la politique dans le monde archaïque. Et je crois que ce monde-là est en train de s'écrouler. Il s'est écroulé plus tôt dans le monde occidental ; cela a commencé depuis le début du XVIIIe siècle, encore que cela n'est peut-être devenu évident que beaucoup plus tard, vers la fin du XIXe et surtout au XXe. Mais c'est un phénomène mondial.

Vous avez sans doute entendu, lorsqu'on disait que le christianisme s'écroulait en Occident, nos évêques se consoler en disant : « Oui, mais voyez en Afrique, en Asie, il n'a jamais été plus prospère. » En Afrique, en Asie, qu'en est-il ? Qu'en sera-t-il ?

C'est, dit-on, une révolution des classes moyennes, des classes éduquées, éclairées ; oui, justement, des classes ayant entretenu un certain esprit rationaliste en elles-mêmes, qui n'admettent plus un pouvoir théocratique, qui n'admettent plus que tous les compartiments de la vie familiale, de la vie sociale, de la vie politique, soient dominés par un pouvoir théocratique. Ce sont donc des sociétés qui affranchissent leur vie, des gens qui veulent affranchir leur vie familiale, leur vie conjugale, leur vie sexuelle, leur vie privée, leur vie culturelle, etc., qui veulent s'affranchir de la coutume, cette coutume qui s'est imposée à force et au nom de la religion, à travers des siècles de pression religieuse.

Ainsi ce qui se passe en ce moment dans le monde arabe me paraît vérifier la thèse de Marcel Gauchet, que vous connaissez bien, la thèse du retrait de la religion, qui nous permet de mieux voir qu'il y a là un phénomène mondial auquel aucune religion n'échappera[2].

Un de mes amis jésuites, qui vit à Taïwan et surtout en Chine continentale, a publié

2. Voir *Le désenchantement du monde*, Paris, Gallimard, 1985.

récemment un livre intitulé *L'empire sans milieu*[3], et sous-titré : *Essai sur le retrait de la religion en Chine*. C'est un phénomène mondial.

Comparer avec ce qui s'est passé et se passe en Europe

Quand on raisonne uniquement sous l'horizon français, on peut avoir l'impression que le mouvement des Lumières a été un mouvement antireligieux parce que les Lumières françaises, avec Voltaire, etc., cela a été, de fait, un mouvement assez antireligieux et antichrétien.

Mais le mouvement des Lumières ne s'est pas confiné uniquement en France. C'était un mouvement européen. Et les Lumières anglaises, les Lumières autrichiennes, les Lumières germaniques, les Lumières italiennes, n'ont pas du tout été marquées par un aspect antireligieux, antichrétien.

Que s'est-il passé dans ce phénomène des Lumières ? C'est que la société a voulu se dégager des tutelles religieuses, tutelles religieuses qui s'exerçaient, soit directement par

3. Benoît VERMANDER, Desclée de Brouwer, 2010.

le fait des autorités religieuses, des évêques, du pape, soit aussi sous la forme des lois et des coutumes.

Pensez que, encore au XXe siècle, l'adultère était condamné par la loi en France[4]. Or cette condamnation de l'adultère vient évidemment de la loi religieuse et nous voyons actuellement que toutes les conquêtes de droits se font contre des restes de lois religieuses ayant imprégné la société, imprégné les coutumes. Une société est toujours menée par des coutumes.

Ce que l'on a appelé tantôt phénomène de sécularisation, tantôt de laïcisation, c'est la sortie de la religion de l'espace public, elle est reléguée dans l'espace privé. Et l'espace public est celui de la raison commune, donc de plus en plus régi par la loi civile, une loi civile interprétée comme l'expression de la volonté commune, la volonté générale. C'est cela la démocratie.

Un historien français spécialiste du XVIIe siècle, Jacques Lebrun, a montré que les Lumières ont été la sécularisation des valeurs

---

4. L'adultère a été une faute pénale dans le droit français jusqu'à la réforme du 11 juillet 1975.

chrétiennes, les valeurs chrétiennes devenues un bien culturel, un bien commun, un bien déconfessionnalisé. Il a fait, par exemple des études très remarquables montrant comment la mystique chrétienne du pur amour de Dieu avait influencé l'éthique kantienne tout à fait rationaliste, l'éthique kantienne du vouloir pur. L'amour pur est devenu l'éthique du vouloir pur. C'est une sécularisation d'une idée maîtresse de la spiritualité chrétienne. Kant était un grand lecteur de Fénelon dont il avait toutes les œuvres dans sa bibliothèque personnelle.

Alors, qu'est-ce qui attend le christianisme sous l'horizon de la sécularisation ? On peut dire un effondrement de la foi lorsque la foi n'est que l'assentiment aux pratiques et aux croyances communes d'une société, quand la foi n'est qu'adhésion à un système de pratiques et de croyances de la société dans laquelle on vit. Quand s'écroule le lien religieux, la tradition religieuse d'une société, la foi personnelle s'en va, parce qu'elle n'est que croyance, elle n'est qu'assentiment à des croyances communes. Et c'est surtout le cas quand des chrétiens, des individus croyants, convaincus, ont dû se libérer des autorités religieuses pour conquérir une liberté de pensée et de parole. Le fait d'avoir dû lutter contre des autorités religieuses contribue à détacher les chrétiens de l'Église et peut contribuer aussi à les détacher de la foi qu'ils avaient confessée.

Or l'Église actuelle mise sur la resacralisation de la vie en Église, sur la restauration des traditions. On en a des échos dans les plaintes que l'on entend un peu partout. Un clergé nouveau, un clergé rajeuni est devenu beaucoup plus traditionaliste et légaliste que le clergé que l'on avait connu.

Un évêque, qui avait une certaine indépendance, m'avait été envoyé par la Commission doctrinale de l'Épiscopat pour s'enquérir de ma doctrine et je me rappelle qu'il m'avait dit avoir vu récemment le pape, Jean-Paul II, je crois, à ce moment-là. Et le pape lui avait dit : « Je sais bien qu'après moi, il faudra bien ordonner des hommes mariés, mais tant que je vivrai, je maintiendrai le dépôt. » Quelle liberté s'exprime dans cette foi-là ?

Je disais que l'Église actuelle mise sur une resacralisation, sur une restauration. À quoi cela peut-il aboutir ? À une reconquête ? Non, seulement à se donner plus de visibilité. Hier, une grande manifestation du « parvis des gentils » (qui n'a rien à voir avec le journal *Parvis*) a eu lieu[5] avec grandes illuminations de Notre-Dame, paraît-il. L'Église cherche à se donner plus de visibilité. Il est très possible que les pouvoirs publics accèdent à sa demande, pour des raisons politiques. Mais pouvons-nous espérer que cela redonnera la foi à ceux qui l'ont perdue ? À mon avis, cela n'aboutira qu'à une Église sectaire, qui se coupera de plus en plus du monde sécularisé et donc on aura un christianisme de plus en plus minoritaire.

Quel peut être l'avenir du christianisme sous l'horizon du retrait de la religion ?

Je viens de parler d'un christianisme devenant minoritaire, mais il faudrait peut-être que je corrige l'expression et que je parle davantage d'une *Église* minoritaire, parce que, en fait, le christianisme s'est répandu en dehors de l'Église. Le christianisme déborde de l'Église.

5. À l'Unesco.

Voilà un phénomène dont il faut se rendre compte. J'avais lu récemment les chroniques d'Alain Touraine, le sociologue bien connu, qui n'est pas spécialement chrétien ; il s'interrogeait sur l'avenir de la société et il constatait que dans notre société, dominée par le libéralisme économique, on perdait des valeurs de solidarité, des valeurs de fraternité, toutes les valeurs qui avaient formé la société française. D'où venaient-elles ces valeurs ? Il rappelait la devise de la République : « Liberté, égalité, fraternité » ; ce sont des idées qui venaient du christianisme, mais qui avaient mûri en dehors de l'Église où les autorités religieuses ne leur avaient pas donné droit de cité. Mais liberté, égalité, fraternité, solidarité, appelez-les comme vous voulez, ce sont des idées chrétiennes, des idées évangéliques. Mais c'est un christianisme hors religion.

Je pense qu'il y a là un patrimoine des valeurs. Ces idées qui se sont répandues ne sont pas propres à la foi chrétienne en tant que telle, mais ce sont cependant des valeurs chrétiennes, des valeurs portées par le christianisme. Et la constitution *Gaudium et Spes* de Vatican II, précisément, a tenu à les saluer. J'en reparlerai dans la troisième piste de réflexion. Il y a donc là des valeurs – appelez-les républicaines si vous ne voulez pas les appeler chrétiennes, cela ne me gêne pas – dans lesquelles, nous chrétiens, nous reconnaissons l'esprit de l'Évangile.

Il y a là un patrimoine du christianisme, et, pour moi, il est devenu de plus en plus clair que la tradition chrétienne s'est répandue par deux voies : par une voie ecclésiale, mais aussi par une voie philosophique. Il y a dans une tradition philosophique un patrimoine dont les chrétiens ne doivent pas se détourner, qu'ils ne doivent pas laisser dépérir. L'évangélisation doit être, non pas une reconquête de l'espace public, mais l'entretien de ces valeurs chrétiennes dans le monde sécularisé, en les laissant telles qu'elles sont devenues : communes, sécularisées. Il ne s'agit pas de les ramener dans l'enceinte de l'Église ou de vouloir leur faire porter à nouveau notre foi chrétienne. Mais nous les considérons comme des fruits du christianisme, des fruits que le christianisme a portés hors de l'Église. Celle-ci n'a pas su acclimater ces fruits en elle-même, et donc nous avons à les entretenir par la conversation avec ce monde. Une évangélisation, non pas de reconquête, mais de conversation, d'entretien où nous acceptons que nos paroles de croyants chrétiens se perdent dans les sables d'un monde sécularisé pour y entretenir ces valeurs dans lesquelles, nous chrétiens, nous reconnaissons l'esprit de l'Évangile.

Nous n'avons pas besoin pour autant de nous en prévaloir et de dire que cela vient de nous. Non, mais nous avons à nous préoccuper de les vitaliser, et pourquoi ? Parce qu'elles sont en très grand danger. La déshumanisation pointe partout. Nous la remarquons partout. Quand nous voyons se désagréger l'État social, ce que nous appelons l'État-providence – et malheureusement, on en parle maintenant pour s'en moquer –, nous voyons que ce sont des valeurs chrétiennes qui sont en train de s'émietter, de se désagréger quand elles ne sont pas ouvertement combattues parce qu'elles empêchent ceux qui sont riches de devenir plus riches encore. Donc, il faut entretenir ces valeurs et c'est là la grande responsabilité des chrétiens qui, je crois, ne doivent pas confiner leur esprit chrétien à faire vivre l'Église, mais à faire vivre ces valeurs évangéliques qui sont dans le monde sécularisé et qui sont menacées.

Alors, pour cela, il nous faut garder la foi, puisque ces valeurs viennent de l'Évangile, de la parole de Jésus. Mais quand nous regardons l'Évangile, nous n'y trouvons pas beaucoup de religion, peut-être même n'y trouvons-nous aucune religion. Nous reconnaissons bien sûr l'institution de l'eucharistie dans le dernier repas de Jésus qui est un repas d'amitié, et le baptême, qui était une pratique courante, mais qui était très mal vu par les autorités religieuses de l'époque, car pourquoi aller chercher la purification dans les eaux du Jourdain, alors qu'il y a un temple qui est fait exprès pour ça ? Donc il n'y a pas de religion, il n'y a pas de code religieux dans l'Évangile. Il n'y a pas de religion, il y a de la foi, une foi en Dieu qui passe par la foi de Jésus en Dieu. Une foi qui n'est pas faite d'énoncés dogmatiques, il n'y a aucun énoncé dogmatique dans l'Évangile, mais une foi orientée vers une pratique humaniste.

Quelle peut être notre recherche de foi à l'intérieur de l'Église ? Il s'agit de redécouvrir à quel point Jésus a humanisé Dieu. Nous dirons que le salut est dans l'humanisation de l'homme. C'est Jésus qui en a donné l'élan en humanisant Dieu, en nous apprenant à regarder Dieu comme le Père commun de tous les hommes, en nous apprenant à honorer Dieu autrement qu'en allant dans le temple – jamais il n'a entraîné ses disciples au temple, pas dans des pratiques religieuses en tout cas, l'Évangile n'en parle pas. Il nous a invités à honorer Dieu par le pardon des offenses, par l'amour des ennemis.

Voyez Matthieu (5,41-48 et 6,14-15) : le *Pater*, le Notre Père ; voyez la première lettre de Jean (4,8-21), où il nous dit que quelqu'un qui prétend aimer Dieu et qui n'aime pas son prochain est un menteur. Aimer Dieu, c'est aimer son prochain, c'est le critère même de l'amour de Dieu. C'est en ce sens que Jésus a dit que le second commandement, l'amour du prochain, était égal au premier. L'amour de Dieu, dans le christianisme, passe par l'amour des autres. Il n'est pas cantonné dans le temple. Il n'est pas cantonné dans les honneurs que nous rendons à Dieu dans les églises. Il passe par l'amour des autres. Il a sa source dans la révélation de Dieu comme père, père universel, pas père simplement des croyants, pas père d'un peuple particulier, père universel. Et Jésus nous l'a montré en fréquentant les pécheurs, en disant qu'il était envoyé aux pécheurs et aussi en poussant des pointes en direction du monde païen dans lequel son Église allait se développer.

Conclusion

J'en arrive à cette conclusion – il y aurait beaucoup à développer, mais c'est vous qui le ferez ensuite : comprendre le christianisme comme éthique plutôt que comme religion.

Que veut dire ce « plutôt que » ? Je ne veux pas dire « au lieu de », je ne veux pas dire remplacer la religion par l'éthique, par la morale, d'autant plus que j'emploie le mot « éthique » plutôt que le mot « morale ».

Vous avez un seul commentaire de la loi dans Matthieu, c'est le seul endroit dans les évangiles où il est question de la loi. Jésus n'était pas un moraliste. Mais je dis « éthique », car c'est un code de mœurs qu'il nous a donné, une invitation à inventer nous-mêmes une morale qui serait guidée par l'idée de la réconciliation, du pardon, de la fraternité, de la solidarité avec tous les autres.

Je ne veux pas dire non plus qu'il faudrait réduire le rite au minimum, se contenter, par exemple, d'aller à la messe le jour de Pâques. Ce n'est pas sur ce plan quantitatif que je dis « plutôt que », mais je veux dire : comprendre que le religieux chrétien lui-même ne fait pas abstraction de la relation à l'autre, jamais, même quand nous sommes dans des pratiques religieuses, à l'intérieur d'une église. Ce religieux-là, où l'on s'adresse à Dieu par le Christ, ne fait pas abstraction de notre lien aux autres.

Ceci d'abord parce que l'Évangile n'est pas un code de pratique religieuse, il n'y en a pas, mais il abonde en préceptes de justice et de charité. Par exemple, si quelqu'un te gifle sur la joue droite, tends-lui la joue gauche. On peut rire de ce précepte et on peut réagir contre, mais il est extrêmement inspirant, inspirant de la conduite. Comment va-t-on se comporter avec quelqu'un qui nous insulte ? Jésus nous invite à aller au-devant de lui. Ça, ce n'est pas de la morale, c'est une éthique, une éthique de justice, de charité, etc. Constamment l'Évangile nous invite à nous interroger sur notre comportement avec autrui. Est-ce que nous le traitons vraiment en frère ? Et que pouvons-nous faire pour aider notre prochain ?

Quand saint Paul, dans l'épître aux Philippiens, au chapitre 2, nous invite à imiter l'abaissement de Jésus, qu'est-ce qu'il veut dire par là ? Se soumettre les uns aux autres. Qu'est-ce que cela veut dire ? Se mettre au-dessous des autres pour les élever. Les élever au-dessus de soi-même. Les aider à croître en humanité. Les aider à devenir davantage hommes. Cela, c'est une éthique, une éthique consistant à aider l'autre à croître, à s'élever, une éthique qui a sa source dans l'abaissement de Jésus jusqu'à la mort sur une croix, s'étant mis au rang des esclaves, puisque la croix était le châtiment des esclaves.

Je donnerai une seconde illustration de cette éthique évangélique. Il faudrait comprendre que le rite chrétien sacralise avant tout la relation aux autres ; parce que l'espace sacré n'est pas le temple matériel. L'espace sacré, nous le lisons notamment dans saint Paul, c'est notre corps, notre corps individuel et c'est le corps social que nous formons les uns avec les autres.

L'espace sacré, c'est celui que Paul appelle le corps du Christ. Et qu'est-ce que le corps du Christ ? Eh bien, c'est l'ensemble des chrétiens qui s'unissent les uns les autres, en vue de rayonner la fraternité autour d'eux. Donc des chrétiens rassemblés par l'amour, par le souvenir de Jésus. Dans le récit de l'institution de l'eucharistie (1 Co 11) – qui est le sacrement par excellence – saint Paul nous apprend à respecter le corps du Christ. Le commentaire traditionnel c'est de reconnaître que l'eucharistie est bien le corps du Christ, le corps individuel du Christ. Non, ce n'est pas du tout la pensée de Paul. Que nous dit-il ? « Quand vous vous réunissez pour commémorer le souvenir du Seigneur, attendez-vous les uns les autres. » Ne commencez pas à manger dès que vous arrivez sans vous occuper de ceux qui ne sont pas là et qui vont arriver les derniers. Attendez-vous les uns les autres. L'eucharistie nous apprend à respecter le corps que nous formons quand nous nous rassemblons autour de Jésus.

C'est cela le corps du Christ qui se noue dans le souvenir de Jésus, son souvenir et son attente, le Christ attendu, le Christ à venir, c'est-à-dire tous ces hommes qui nous entourent, qui sont appelés eux aussi à entrer dans le corps du Christ, à former avec nous une seule et même humanité.

C'est cela, la véritable compréhension du sacré chrétien. Jésus a donc sécularisé lui-même le sacré. Le sacré n'est pas le temple de pierre, le sacré, c'est le corps que forme la multitude des chrétiens rassemblés au nom de Jésus et qui apprennent à se conduire les uns envers les autres en frères, pour le faire également avec ceux qui ne sont pas là rassemblés présentement dans le corps du Christ, qui sont cependant les enfants du même Père comme nous le sommes.

Deuxième piste de réflexion : la vie du chrétien en Église aujourd'hui

Il s'agit de la construction de l'Église comme espace de vie politique, comme espace politique. Là aussi, je développerai quatre points :

– La définition de l'homme comme « être politique ».
– Où en est la vie politique du chrétien dans l'Église aujourd'hui ?
– Dans un troisième point je vous renverrai à saint Paul, à la citoyenneté chrétienne d'après Paul.
– Et, en conclusion, un point dont je ne dirai que quelques mots, ce sera à vous de le remplir : comment reconstruire l'Église en société respectueuse des droits politiques de ses fidèles ? Vaste programme, à supposer qu'il soit envisagé en haut lieu.

La définition d'Aristote : le chrétien est un animal politique, **zoon politikon**

La pensée d'Aristote, exactement, c'est qu'il est de la nature de l'homme de vivre avec d'autres, en relation avec d'autres, pas seulement au milieu d'autres, mais dans une imbrication les uns dans les autres. C'est donc la conception de l'homme en tant qu'être social, ce qui ne veut pas dire simplement un individu qui vit en société, mais l'homme en tant qu'il lui appartient de construire lui-même sa vie sociale, donc de se construire lui-même comme être avec d'autres et ainsi de construire la vie commune, la vie en société comme une vie interrelationnelle. Ce n'est pas simplement l'idée de la socialité, cela va plus loin, ou bien ce serait la socialité comprise comme solidarité des uns avec les autres et comme un partenariat des uns avec les autres, dans tous les compartiments de la vie sociale ou de la vie avec les autres. Il y a beaucoup de compartiments plus ou moins étagés, hiérarchisés, qui sont étudiés par le philosophe.

C'est d'abord la vie en famille, l'homme et la femme dans le couple matrimonial, les parents et les enfants. C'est ensuite la fratrie qui est la famille élargie, les cousins, les oncles et les tantes, spécialement développée dans certains pays restés encore assez traditionalistes. C'est la tribu, qui serait unie par une origine commune, qui vit sur un même territoire, qui, parfois, exerce la même profession. Pour le Grec, c'est surtout la Cité. Pour un Athénien, la vie politique, c'est essentiellement la participation à la vie de la Cité, participation active, participation à l'élaboration des lois. La Cité s'est introduite en Grèce vers le Ve siècle, peut-être à la fin du VIe avant notre ère. Pour vous situer, pensez que le monde homérique, c'est le IXe siècle, et c'est le commencement de l'hellénisation de la Grèce. Mais la Cité, elle, va s'implanter plus tardivement. Avant cela, qu'est-ce qui régit la Cité ? C'est essentiellement la religion. La toute première religion en Grèce, c'est le culte du foyer, dont le prêtre est le père de famille. Le temple, c'est le foyer, le lieu où l'on mange. C'est là où l'homme apprend aussi à recevoir des hôtes. C'est là où va se former la religion agraire. La religion – ce qui explique son déclin actuel – est de type agraire.

Je retrouve un peu mon propos du début : à l'heure actuelle, on voit non seulement un phénomène d'urbanisation mais de métropolisation. Partout dans le monde, la vie se concentre autour d'immenses métropoles dans lesquelles l'homme perd complètement la relation avec la nature.

La religion est née à l'époque où l'agriculture a remplacé la cueillette et la chasse, où l'homme va commencer à maîtriser la nature, la religion est venue de là. Il fallait offrir des sacrifices aux génies, aux dieux de la nature qui régissent tous les phénomènes de la vie. On voit combien cette religion est compromise avec le développement de la vie dans la Cité devenue métropole. C'est l'époque qui a été appelée par des historiens de la Grèce antique une époque des lumières, une époque du rationalisme, où il y avait bien au centre de la ville le temple, mais où il y avait aussi l'agora, l'agora en face du temple. Et d'ailleurs les prêtres étaient eux-mêmes des magistrats. C'est donc la magistrature qui prend la religion en charge. Et qu'est-ce que l'agora ? C'est le lieu où les hommes libres se rassemblent pour élaborer les lois, et donc la Cité, la vie sociale, la vie politique se construit en face du temple, en se dégageant des lois sacrées, des vieilles traditions, des vieilles coutumes venues de l'époque archaïque, du chamanisme, de tout cela. L'homme organise lui-même sa vie avec les autres. C'est la première étape de la sécularisation où la liberté des individus s'exprime par le vote. Vote des impôts, vote des lois, vote des traités avec les autres cités – toutes les cités sont indépendantes, mais pour un homme comme Aristote, c'est Athènes qui est la Cité modèle.

C'est là aussi où se décident les guerres à entreprendre. Ainsi, l'espace politique, c'est éminemment l'espace de la parole, l'espace du discours, l'espace de la rhétorique. Les grands hommes politiques sont des hommes de la parole, des avocats, des légistes. C'est réservé aux hommes libres qui exercent leur liberté par l'usage de la parole, mais d'une parole qui est *échangée* avec les autres. Il n'y a pas une parole qui s'impose. Ce n'est pas une parole qui vient, comme dans certains États, des aristocrates, des gens riches, des gens qui monopolisent le pouvoir. Le pouvoir est commun et le pouvoir dépend de l'éloquence de chacun, de la persuasion qui va réussir à communiquer des idées, à les rendre communes, à faire que l'idée de chacun devienne l'idée de tous. Et alors, elle s'impose comme loi. Voilà donc ce qu'était la construction sociale et comment Aristote comprend l'homme comme animal politique.

Alors, où en est-on sur le plan politique dans l'Église d'aujourd'hui ?

Quelle est la liberté politique ? Quelle est la liberté de la parole ? Quelle liberté de décision est laissée aux fidèles? Voila les questions que cela nous pose.

L'Église du XIXe siècle s'est définie face aux États comme une société parfaite, c'est-à-dire disposant absolument de tous les pouvoirs qu'il y avait dans les États. Je rappelle qu'à ce moment-là, il y avait encore un État du Vatican comme un État de l'Église, il y avait des États de l'Église en Italie, où le pape était en même temps un souverain temporel qui traitait à égalité avec les autres souverains. La papauté imposait son propre idéal politique. Alors l'Église se définissait comme une société parfaite, dotée de tous les pouvoirs. Et si l'Église a voulu s'affirmer comme société parfaite, c'est en voyant combien l'idée démocratique gagnait du terrain en Europe où beaucoup d'États monarchiques devaient laisser au moins les aristocrates ou les hommes plus riches élaborer des constitutions et donc reconnaître une certaine liberté aux autres. C'était l'époque où tous les États monarchiques étaient menacés par l'idée démocratique, c'est-à-dire par l'idée que le pouvoir appartient au peuple. Pour la papauté, cette idée était tout à fait irréligieuse, car le pouvoir vient de Dieu. Il ne monte pas du peuple, il descend de Dieu.

La papauté était persuadée que l'aspiration démocratique allait entraîner l'Europe dans le chaos politique, de telle sorte qu'un jour tous les États se retourneraient vers l'Église qui tenait à donner en elle-même l'exemple d'une société parfaite. Une société parfaite, c'était une monarchie absolue de droit divin, un tout petit peu tempérée par le collège des cardinaux. Et donc le pouvoir appartient exclusivement à la succession apostolique des évêques, successeurs des Apôtres. C'est un pouvoir sacré, réservé aux personnes consacrées. Rappelez-vous que les rois aussi étaient sacrés, d'une sacralisation reçue du pape, qui marquait bien que le roi ou l'empereur était l'oint du Seigneur, c'est-à-dire tout proche de Dieu. Il avait reçu l'onction. Ainsi, pour l'Église, la démocratie s'oppose au droit divin, selon lequel tout pouvoir vient de Dieu, selon le droit révélé. L'Église ne veut donc pas de démocratie sous quelque forme que ce soit, par exemple avec ce que l'on a appelé le presbytérianisme, où le pouvoir serait aux mains de l'assemblée des prêtres. De même l'Église a combattu l'idée que le concile œcuménique serait supérieur au pape. C'est ainsi que s'est construite l'idée de la primauté pontificale.

Vatican II a apporté bien des adoucissements à cette vision des choses, c'est certain. Des aménagements sont entrés dans le droit canon, ce n'est pas niable. Par exemple, des laïcs sont entrés dans les conseils pastoraux. Vatican II a fortement invité tous les évêques et les curés à faire appel au conseil des laïcs, à faire entrer des laïcs dans leurs conseils. J'ai bien dit *conseils*, je n'ai pas parlé de la prise de décision ; mais c'est déjà quelque chose ! Le droit canon reconnaît aux laïcs un droit d'association, à condition qu'ils se déclarent, bien entendu. Il n'empêche que la question se pose : est-ce que le chrétien jouit, dans l'Église, de droits citoyens comparables à ceux dont il jouit dans la société civile ? On peut se poser la question. On y répond d'ailleurs assez vite.

Il ne faut pas oublier le fait de l'inégalité qui tient à la consécration. Le pouvoir appartient aux clercs depuis l'institution de la distinction entre laïcs et clercs qui remonte au début du

IIIᵉ siècle, d'après ce que l'on appelle la *Tradition apostolique* d'Irénée, qui n'a rien d'apostolique d'ailleurs. C'est le moment où l'on a commencé à imposer les mains à des personnes qui avaient, seules, le droit de participer à la liturgie. C'était aussi une inégalité hommes-femmes, puisque l'Église ne permet pas aux femmes d'accéder à la consécration. Est-ce que leur accès à la consécration sacerdotale serait le seul moyen de rétablir leurs droits politiques dans l'Église ? À vous encore d'y réfléchir. Mais il est certain que l'inégalité hommes-femmes devient de plus en plus choquante dans un monde dont l'évolution se caractérise, inversement, par la participation de plus en plus grande des femmes à tous les échelons du pouvoir, du pouvoir politique comme du pouvoir industriel.

Donc, au regard du monde sécularisé, le chrétien ne jouit pas, dans l'Église, des prérogatives et des libertés qui sont considérées comme constitutives des droits humains dans la société civile. Le chrétien n'est pas un individu majeur. Il est encore mineur. La femme encore plus. Et cela contribue très fortement à la séparation du monde et de l'Église, et contribue très fortement à la perte de crédibilité du langage théologique. Quand nous considérons les très belles avancées de Vatican II en direction du monde moderne, il est certain que ces avancées sont réelles, très réelles, mais que le langage de l'Église n'est cependant pas crédible, parce que ces avancées ne sont pas appliquées à l'intérieur de l'Église : il n'y a pas de liberté de parole dans l'Église, les fidèles ne participent pas à l'organisation de la cité chrétienne, de la cité ecclésiale et les femmes ne sont pas traitées à égalité avec les hommes.

Voyons maintenant quelles idées pouvons-nous trouver dans l'Évangile pour cela

En fait, je m'en tiendrai à saint Paul, sans oublier que saint Paul a tiré toutes ses idées de la méditation de la croix du Christ.

Donc, quelle est la citoyenneté chrétienne d'après Paul ? Il emploie bien le mot « citoyenneté ». Je vous renverrai à deux textes.

D'abord Éphésiens 2,11-17 : pour Paul, l'acte de naissance du christianisme, c'est l'acte politique de Dieu d'accorder aux païens le droit de cité en Israël, c'est-à-dire la participation à toutes les prérogatives qu'il avait accordées au peuple élu, et donc la participation à l'élection elle-même, à l'élection qui ne dépend plus de la loi religieuse mais est étendue à tous les païens. Cette élection vient directement de la volonté de Dieu d'être, et de se comporter, non pas comme le Dieu d'un peuple particulier, mais comme le père universel de tous les hommes. Comment cela ? Eh bien, dit saint Paul, Dieu était sur la croix de Jésus se réconciliant le monde. Or, de cette réconciliation, Paul nous donne une compréhension qui dépasse de beaucoup la notion sacramentelle de réconciliation, c'est-à-dire de libération des péchés ; il entend le mot « réconciliation » dans un sens politique. C'est d'abord la réconciliation, dit-il, du Grec et du Juif qui étaient ennemis. Ennemis, puisqu'aux yeux du Juif, le païen était réputé ennemi de Dieu, et donc, en tant qu'idolâtre, voué à la damnation. Il n'avait pas part aux promesses de Dieu. Or Dieu, dit saint Paul, sur la croix signe un traité de paix entre le Grec et le Juif pour faire des deux, un seul peuple, un même peuple.

Lisons la suite de ce premier texte, Éphésiens 2,18-22 : de cette initiative politique de Dieu de ne plus vouloir être le Dieu d'un seul peuple mais le Dieu de tous les peuples, il résulte qu'il y a égalité de tous les chrétiens dans le même droit de citoyenneté, quelle que soit leur origine, qu'ils soient juifs ou qu'ils soient grecs, c'est-à-dire païens d'origine. Ils sont tous égaux et Paul dit aux Éphésiens qui sont des chrétiens d'origine grecque donc païenne : vous êtes les concitoyens des saints. Qui sont les saints ? Les saints étaient les chrétiens de Jérusalem qui se disaient « saints » parce qu'ils étaient circoncis. Ils portaient le sceau de l'Alliance dans leur chair. Donc ils étaient sacrés, consacrés, et Paul leur dit : il n'y a pas d'inégalité à cet égard. Les Grecs sont les concitoyens des saints, à égalité avec ceux qui sont d'origine juive.

Ce fut le grand débat aux origines de l'Église. Pouvait-on baptiser des incirconcis ? Pouvait-on tolérer que des chrétiens d'origine païenne, qui refusent la circoncision, soient considérés comme des chrétiens à part entière, comme des saints, au même titre que ceux qui portent, dans leur chair, la marque même de la sainteté ?

Donc tous les chrétiens sont égaux en droit et en dignité. Tous les membres de l'Église, quelle que soit leur origine, contribuent à construire *la cité chrétienne*. Et le mot est employé par Paul. Ils contribuent à construire la cité chrétienne par leurs échanges entre eux et donc, avant tout, en se reconnaissant frères et en partageant les mêmes droits et les mêmes prérogatives. Cela n'exclut pas qu'il y ait dans la cité chrétienne des pouvoirs de gouvernement ou d'enseignement. Il dit : il y a des apôtres, il y a des prophètes, il y a une diversité de fonctions, mais il y a une égalité foncière, essentielle, entre tous les chrétiens. Et vous voyez cela dans la première épître aux Corinthiens (ch. 12) où il montre comment il y a une grande diversité d'offices à l'intérieur de l'Église ; chacun a son office, chacun a une fonction à exercer. Ces fonctions sont différentes, mais toutes coopèrent, également, avec la même dignité, à la construction de l'ensemble. Les chrétiens sont ainsi invités à mener une vie politique au sens d'Aristote, c'est-à-dire à veiller à leur « être avec ». C'est l'« être avec » de chaque chrétien avec les autres qui est constitutif de cette société.

Vous pourrez lire aussi ce que dit Paul dans le chapitre 14 de la même épître où l'on voit l'importance qu'il accorde à la parole. Toutes les fonctions sont avant tout des fonctions de parole. Paul dit qu'il n'a pas été, lui, appelé à baptiser, mais à enseigner l'Évangile. Or il y avait dans l'Église chrétienne – c'est un phénomène très caractéristique – une effusion de parole due à l'effusion de l'Esprit Saint. Ce sont des phénomènes qui nous paraissent peut-être un peu bizarres mais qui se passaient sans doute dans les sociétés religieuses de l'époque, des phénomènes de glossolalie – parler en langues – d'extases, de visions, auxquels les chrétiens attachaient beaucoup d'importance, qui étaient peut-être la marque sentimentale de leur joie d'être sauvés par le Christ, d'entrer dans l'Église du Christ, mais Paul s'en méfiait beaucoup. On voit Paul, non pas restreindre la liberté de la parole, mais demander à ce que cette parole soit intelligible, qu'elle soit communicable, donc qu'elle soit rationnelle. Ainsi notamment sa critique du « parler en langues » – qui est d'ailleurs pratiqué de nos jours dans les communautés charismatiques.

Paul leur dit : mais voyons, si un étranger, un païen, entre dans nos églises – ce qui montre bien qu'il y avait un peu d'osmose, et que beaucoup de païens fréquentaient les réunions chrétiennes pour voir un peu ce qui s'y passait, du moins, à partir du moment où ces communautés chrétiennes se réunissaient à part, en dehors de la synagogue –, qu'est-ce que ce païen va dire ? Il ne va rien comprendre. Il va dire : Vous êtes des fous. Et donc, Paul préconisait une parole raisonnable, une parole communicable, donc un véritable échange de la parole, non pas simplement des murmures adressés à la divinité.

Je voulais attirer votre attention sur le fait que les communautés chrétiennes se sont caractérisées par une grande explosion de parole, une communication de la parole. Et c'est pourquoi il fallait de temps en temps que l'apôtre la tempère. Mais tout le monde avait le droit à la parole et cela venait de l'Esprit Saint. Et c'était cet échange de paroles qui fabriquait la concitoyenneté chrétienne. Et donc l'Esprit libère la parole. Tous ont le droit à la parole et Paul préconise, par-dessus tout, même au-dessus de la parole prophétique, une parole d'interprétation. Qu'est-ce que c'est que l'interprétation sinon le discernement critique ?

Je voudrais ensuite vous inviter à réfléchir à la grande loi paulinienne, qu'il exprime à plusieurs reprises de différentes façons dans la première aux Corinthiens (12,11) et dans l'épître aux Galates (3,28). Cette loi s'énonce ainsi : il n'y a plus ni Juifs et Grecs, ni hommes libres et esclaves, ni masculin et féminin, vous êtes tous un dans le Christ. Là, Paul apparaît comme le fondateur de la société ouverte. Je ne prétends pas que Paul était un féministe, mais non, il ne l'était pas, il n'était pas un anti-esclavagiste, et non, il ne l'était pas. Il était de son temps. Il avait les idées limitées de son temps. Il ne supprimait pas les différences mais ne voulait pas que des différences deviennent des divisions dans l'Église. Essentiellement cela : il ne voulait pas qu'elles nuisent à l'unité du corps social de l'Église. Il enseignait le respect de tous. Or la société païenne était une société très cloisonnée, avant tout cloisonnée par les lois religieuses. Chaque cité avait sa divinité, avait ses dieux, même plusieurs et le pouvoir patriarcal était un pouvoir en quelque sorte divin que le père de famille ou le chef de tribu exerçait sur tous les siens ; et les magistrats eux-mêmes avaient tous un caractère plus ou moins sacerdotal.

Donc Paul est le fondateur de la société ouverte en tant qu'il contribue à changer une politique qui était fondée sur la discrimination religieuse.

D'où la question – quatrième point de cette deuxième piste de réflexion : comment reconstruire l'Église en société respectueuse des droits politiques de ses fidèles ?

Je vous laisserai, encore ici, le soin de répondre vous-mêmes. Comment les chrétiens peuvent-ils arriver à tenir une parole responsable dans l'Église ? Comment faire ?

Il est certain que l'Église n'entend pas laisser, par exemple, ses dogmes et ses pratiques religieuses abandonnés à la libre initiative des fidèles. On ne peut oublier que l'Église est un *État de droit*, comme on aime à le dire de nos jours. C'est-à-dire qu'elle est fondée sur une écriture, une tradition. On pourrait rappeler que, pendant très longtemps, la coutume était d'élire les évêques. Les évêques étaient élus par leur communauté. C'est quand l'administration de l'Église s'est modelée sur l'administration impériale après la conversion de Constantin, que toute la vie de l'Église a changé et qu'elle est devenue beaucoup plus hiérarchique et centralisée.

La hiérarchie ecclésiastique se dit dépositaire du droit divin, de l'écriture et de la tradition, mais cela ne devrait pas empêcher les catholiques, les chrétiens, les fidèles, d'exercer une fonction interprétative.

La tradition a toujours été une innovation incessante qui reflète beaucoup des évolutions culturelles des sociétés et où les laïcs ont eu leur importance. Comment se fait-il, par exemple, que la pénitence privée a succédé, au XIe siècle, à la pénitence publique ? C'est parce que les chrétiens ne voulaient plus de la pénitence publique, ne voulaient plus s'y soumettre, et alors l'Église a évolué pour cette raison-là.

Comment les laïcs pourraient-ils exercer une fonction interprétative ? Comment concevoir des droits de citoyenneté, de concitoyenneté dans l'Église ? Il faut se rappeler, bien sûr, que Paul ne prônait rien tant que l'unité de la foi. Autrement dit, aucun chrétien ne peut prétendre imposer sa parole à d'autres. Aucun groupe chrétien ne peut l'imposer aux autres groupes chrétiens. Il faut avoir le souci de l'unité, d'un certain consensus. Alors, il ne faut pas s'attendre à ce que les évêques, d'eux-mêmes, donnent la liberté de la parole aux chrétiens. Il ne faut pas rêver. Il y a des évêques qui, de plus en plus, consultent, oui, mais il ne faut pas oublier non plus que l'épiscopat, c'est la chaîne historique qui nous rattache aux origines chrétiennes. C'est à ce titre que je tiens au Symbole des Apôtres, non pas pour refuser aux chrétiens ou à des groupes chrétiens de se faire des Credo particuliers. Mais c'est le lien qui nous rattache à l'événement historique de Jésus-Christ, à la révélation historique de Dieu en Jésus-Christ. Le Symbole des Apôtres rappelle que Jésus était un homme de l'histoire et que l'Esprit Saint vient de lui, l'Esprit Saint qui forme la communauté.

À ce propos, je le dis en passant, dans le Symbole des Apôtres, quand on dit : « Je crois à l'Église », c'est l'Église eschatologique, c'est-à-dire l'Église céleste, l'Église réunie par l'Esprit Saint. Et donc, la signification est très différente de l'article concernant l'Église dans le symbole de Nicée Constantinople, où il s'agit là de l'Église terrestre.

Donc les chrétiens peuvent revendiquer le droit d'exercer la responsabilité de leur « vivre-ensemble » en l'Église. Et aucune autorité religieuse ne peut les empêcher de prendre la responsabilité de leur « être chrétien » dans le monde, de leur « être avec les autres » dans le monde. Encore doivent-ils prendre aussi leurs responsabilités sur la base d'une lecture commune de l'Évangile, d'une interprétation collective de l'Évangile pour voir comment vivre en chrétien dans le monde et comment vivre dans l'Église en « être politique » c'est-à-dire en être libre. Comment vivre la vie de l'Église dans des communautés de partage de la parole évangélique ? Là, je crois que vous savez faire[6]. Vous avez un savoir-faire à répandre, en

6. Rappelons que le conférencier s'adresse à des membres de la Communauté chrétienne dans la Cité.

évitant d'effrayer les autres. Hélas, tous n'aspirent pas à la même liberté, c'est cela qui est triste. Il faudrait rendre attractive la liberté à laquelle nous, nous aspirons et que nous essayons de prendre. Transformer de plus en plus la vie en Église, non pas en réunions cultuelles, mais en communautés de partage de la parole évangélique, ce partage incluant le partage du pain, comme ça se faisait au début de l'Église. Partager la parole, c'est ainsi que, peu à peu, les fidèles pourront prendre et exercer des droits de citoyenneté dans l'Église.

Il y a là un vaste champ de réflexion à développer en essayant de faire comprendre aux autorités de l'Église que celle-ci ne sera respectée dans le monde que dans la mesure où elle apparaîtra, elle-même, comme un espace de vie et de liberté politiques. Tant qu'elle n'apparaîtra pas ainsi, alors elle apparaîtra comme une secte religieuse où c'est le rite qui domine tout. La chance de l'Église de répandre l'Évangile dans le monde, c'est de montrer qu'il y a dans l'Église elle-même une liberté de parole, d'échange de paroles, de construction d'une parole chrétienne.

Troisième piste de réflexion : annoncer l'Évangile en termes de sens de la vie humaine

Sens ou salut ?

C'est une question qu'on doit se poser quand on cherche dans quels domaines pourrait s'exercer le droit des fidèles à une parole responsable. Faut-il la définir par l'accès au salut ou par l'accès au sens que l'Évangile donne à la vie humaine ? Si nous voulons la répandre comme un accès au salut éternel, l'épiscopat dira : l'accès au salut éternel vient directement de la révélation, dont le dépôt nous a été confié à nous, évêques. Alors peut-être faudrait-il se transporter, pour acquérir cette liberté de parole, dans le domaine du sens. Définir le sens que l'Évangile donne à la vie humaine.

Alors, quel rapport y a-t-il entre le sens et le salut ? Grave question que nous pouvons nous poser. Où situons-nous notre foi de préférence ? Dans le salut ou dans le sens ?

Un historien du XVIIIe siècle attribuait la perte de vitalité de l'Église au fait que l'Église ne savait parler que des fins éternelles, spécialement en inspirant la peur, à une époque où les gens commençaient à s'intéresser de plus en plus aux fins temporelles.

Est-ce que l'Église s'intéresse aux fins temporelles ? Est-ce que notre foi chrétienne est intéressée à définir, à déterminer les fins temporelles qui évoluent, bien sûr, toujours à travers le temps et l'espace ?

Deuxième petite anecdote : avant-hier, j'écoutais, la nuit, un débat sur France Culture. Des sociologues de la religion débattaient autour d'un sondage d'opinion, qui avait dû être publié par le journal *La Croix*, sur la pratique chrétienne tombée à 5 %. Des sociologues disaient : « L'Église ne sait que parler en termes de salut, ça n'intéresse plus personne. » Ils pensaient au salut par rapport à la vie éternelle, à la vie dans l'au-delà : on a le temps de voir. (Moi, je n'ai plus grand temps !) Ils demandaient : « Pourquoi ne s'intéresse-t-on pas à la recherche du sens ? » Est-ce que l'Église est capable de parler en termes de sens, le sens de la vie conjugale, le sens des affaires, le sens de l'économie – où va l'économie ? –, le sens de l'histoire, l'accueil des étrangers, etc. ?

Parler en termes de sens? Une question à laquelle vous pourrez réfléchir. Est-ce qu'un discours du sens pourrait se substituer, chez les chrétiens, au discours du salut? Je ne dis pas l'éliminer, mais en prendre la place. Est-ce qu'un discours du sens pourrait se présenter comme un discours du salut? Ou, en termes inverses, présenter le discours du salut en termes de sens?

Je voudrais dire qu'un discours du sens a bien été tenu au concile Vatican II

Il a été tenu dans le document appelé *Gaudium et Spes*.

Ce fut l'un des documents qui a été le plus contesté. Déjà au terme du Concile, il faisait peur. Quand on disait que l'Église devait s'ouvrir au monde – j'ai lu ça dans les carnets du père de Lubac –, tout le monde comprenait qu'il fallait s'ouvrir à l'athéisme et au bolchevisme, ce dernier terme faisant encore plus peur que l'athéisme. Le père de Lubac, lui-même, malgré son ouverture d'esprit, craignait beaucoup ce discours de l'ouverture du sens. Il racontait avoir entendu le cardinal Marty expliquer comment l'Église devait s'ouvrir au monde. Et, n'en pouvant plus, il était allé le trouver dans un couloir, pour lui dire : « Mais enfin, Éminence, est-ce que vous ne vous rendez pas compte que vous êtes en train de dire qu'il faut se convertir à l'athéisme et au bolchevisme ? » Alors, dit de Lubac, le cardinal m'a écouté d'un regard plein de bonté (phrase superbe !), visiblement sans rien comprendre et il m'a embrassé et il est parti.

Quelle est la nouveauté de Vatican II ? Pour moi, la grande nouveauté de Vatican II, c'est bien *Gaudium et Spes* où l'Église a reconnu toutes les libertés que, depuis deux siècles, s'était données, contre l'Église, le monde sécularisé. Toutes ces libertés que l'Église du XIXe siècle n'avait pas cessé d'anathématiser et de repousser, comme le droit notamment, très caractéristique, à la liberté de la foi, et le droit à la liberté de parole. Vatican II a salué la dignité de la personne humaine. Il a voulu tenir au monde un langage nouveau. Il a dit que l'Église voulait se mettre au service du monde pour aider le monde à se procurer les biens auxquels il aspirait, qui sont des biens temporels et des biens spirituels. L'Église s'intéressait aux fins temporelles de l'humanité, enfin, enfin ! Pas uniquement aux fins éternelles. L'Église commençait là, à Vatican II, à insérer le salut dans la recherche du sens. C'est l'homme qu'il s'agit de sauver, la société humaine qu'il faut renouveler. Alors, bien sûr, le Concile parle encore en termes de salut (« qu'il faut *sauver* »), mais la référence au renouvellement de la société humaine montre bien qu'il dépassait le salut religieux tel qu'il est compris habituellement, en fonction de la pratique religieuse ou des croyances religieuses. Il montrait bien qu'il s'agissait de repenser et de renouveler la condition humaine dans le monde d'aujourd'hui. D'ailleurs le titre de l'exposé préliminaire de *Gaudium et Spes*, c'est : « L'Église dans le monde de ce temps. » Donc il s'agissait du sens de l'histoire, de s'intéresser à la condition humaine. C'était ainsi une invitation adressée à tous les laïcs chrétiens, ceux qui participent le plus directement à la vie dans le monde. L'invitation adressée à ces laïcs était de tenir à leurs concitoyens du monde un discours du *sens*, inspiré par l'Évangile.

Alors, ce discours du sens peut-il vraiment être tenu comme un discours de salut devant Dieu, de salut éternel ? C'est la réflexion à laquelle je m'attache en ce moment, en tant que théologien. Pour moi, c'est la parole que l'Église doit tenir. Elle ne peut pas tenir une parole universelle si elle se contente de dire : revenez adorer Jésus-Christ dans nos églises. Si elle veut inviter les hommes vraiment au salut, eh bien, il faut tenir un discours du sens.

Mais quel rapport y a-t-il entre le sens et le salut ? Pour moi – et là je prends position comme théologien –, cela est lié au rapport entre l'ordre de la création et l'ordre du salut. Qu'est-ce que Dieu veut sauver ? Pour moi, Dieu ne veut pas sauver des individus, Dieu veut sauver l'humanité comme totalité. Dieu veut sauver ce qu'il a créé, car il a créé l'homme pour la liberté. Il a créé l'homme à son image. Il l'a créé pour le bonheur, pour participer à son bonheur à lui-même. Mais ce que Dieu veut, c'est l'unité de l'humanité. « Qu'ils soient tous un », c'est le testament de Jésus (Jn 17,21).

Que veut Dieu ? Le salut, pour lui, c'est celui d'une humanité réconciliée, puisque Dieu était dans le Christ se réconciliant le monde, dit saint Paul (2 Co 5,19). Paul dit que, dans le Christ, est apparue une nouvelle création (2 Co 5,17). La création nouvelle, la création qui se fait dans le Christ, c'est l'humanité rassemblée dans le pardon mutuel, rassemblée dans la fraternité, unifiée à l'image de Dieu. Donc, tout ce qui va dans le sens de l'humanisation de l'homme, de l'humanisation de la nature, de l'humanisation de la société, de l'humanisation de l'économie, etc., tout ce qui va dans le sens de la réconciliation des hommes entre eux, des classes sociales entre elles, des riches et des pauvres, des peuples entre eux, tout ce qui va dans ce sens, le sens de la paix, de la fraternité, de la réconciliation, tout cela va dans le sens du salut.

Qu'est-ce que Dieu veut des hommes ? Qu'ils s'aiment les uns les autres. Qu'ils se pardonnent mutuellement leurs offenses. Voilà la seule loi du salut que Jésus nous a donnée, et c'est ainsi que Dieu, au terme de l'histoire, appelle l'humanité à entrer dans son bonheur, dans sa béatitude. L'humanité sauvée, c'est une humanité réconciliée et cette réconciliation se fait dès maintenant quand nous travaillons à l'humanisation de l'homme. Quand nous travaillons à l'humanisation de l'homme, nous travaillons au salut de l'humanité.

III

La condition des femmes dans l'Église d'aujourd'hui[1]

On m'a demandé de reprendre le thème de mon article paru dans le numéro d'*Études* de janvier 2011 sur la condition féminine dans l'Église. Je commencerai par une déclaration d'intention : je n'ai pas la prétention d'être un défenseur de la cause des femmes. Il m'est arrivé d'être invité à des débats avec des théologiens et théologiennes féministes ; j'éprouvais de la sympathie pour la cause qu'ils défendaient sans approuver toutes les applications qu'ils voulaient en faire, notamment sur le chapitre de

1. Conférence du 2 avril 2011.

l'ordination sacerdotale. Je suis intervenu une seule fois sur la question, quand Jean-Paul II avait pris position en 1994 pour interdire aux théologiens d'en débattre, et ce n'était pas pour soutenir l'ordination des femmes, mais pour protester contre la volonté du pape de « clore » le débat alors qu'il avait à peine commencé entre les théologiens. Quant à l'article d'*Études*, ce n'est pas moi qui l'ai proposé à la revue de ma propre initiative, je n'ai fait que répondre à la demande de son directeur. Je n'ai donc pas le droit de me présenter en ardent promoteur de la cause féministe, je vous dirai modestement pourquoi j'ai accepté d'écrire sur un terrain qui m'était si peu familier, et j'énoncerai mon propos dans cette simple phrase : c'était pour réaligner la société ecclésiale dans la suite de l'Évangile tel que le lisent les chrétiens et chrétiennes qui pensent selon l'esprit du temps. C'est donc une pensée ecclésiologique qui m'habite au premier chef en ce débat ; et si j'ai situé cette pensée dans l'« esprit du temps », c'est pour vous fournir le moyen de la contester, tout en vous indiquant ma ligne de défense : je lis l'Évangile dans l'actualité de l'histoire, comme cela s'est toujours fait, et c'est ainsi que j'entends me situer dans la tradition de l'Église.

Le problème

Si le directeur d'*Études* m'avait demandé d'intervenir sur la condition de la femme dans l'Église, c'est évidemment parce que la question faisait problème et qu'elle était devenue l'objet d'un débat public. Le débat se portait sur deux fronts très différents et n'intéressait pas les mêmes milieux au même degré.

Il y avait, d'une part, le débat éthique sur les questions sexuelles : permissivité des relations sexuelles extraconjugales, fréquentes ruptures du lien conjugal, contrôle des naissances, usage des préservatifs et contraceptifs, usage des moyens mis par la science moderne à la disposition des couples, tous sujets qui concernent éminemment la femme ; la papauté revenait fréquemment sur ces questions pour fulminer des réprobations et des condamnations, qui avaient et ont toujours de fortes répercussions sur le plan pastoral ; les médias ne manquaient pas de faire écho à ces interventions pontificales, le plus souvent pour en dénoncer le caractère traditionaliste et réactionnaire. Or des sondages d'opinion avaient récemment permis d'enregistrer, non seulement les protestations de nombreuses femmes catholiques, mais aussi les sorties d'Église qu'entraînaient ces déclarations papales, des sorties qu'il était possible de quantifier dans les pays concordataires. Sur quoi, des sociologues avaient remarqué que l'Église catholique adoptait une attitude suicidaire, puisqu'elle faisait fuir les femmes qui lui fournissaient les plus gros bataillons de fidèles. Le problème féministe était devenu problème ecclésiologique.

Le second front de la question féminine dans l'Église concerne sa gouvernance. On s'était habitué depuis Vatican II à une forte présence féminine dans la plupart des services d'Église ; la baisse du clergé se faisant sentir, on voyait partout des femmes d'un dévouement inlassable ou seconder les prêtres ou suppléer à leur absence dans des fonctions traditionnellement réservées à ces derniers. Or une contre-stratégie s'est développée de façon impressionnante ces récentes années dans la plupart des diocèses français. Suite vraisemblablement à des ordinations de femmes qui avaient eu lieu en divers pays et diverses Églises et qui avaient fait grand bruit et même scandale, les femmes ont été retirées de l'animation liturgique et éloignées de l'autel, y compris les petites filles enfants de chœur, elles ont été écartées des postes de responsabilité, notamment en catéchèse, hormis celles qui étaient intégrées à une équipe pastorale au moyen d'un ordre de mission en bonne et due forme, la plupart se voyaient reléguées dans des fonctions subalternes et fortement encadrées. Il était difficile de ne pas imputer ces mesures à des directives d'ensemble ; certains responsables ecclésiastiques les jugeaient nécessaires pour redresser la courbe déclinante du recrutement sacerdotal, car les prêtres perdaient la conscience de leur identité quand ils voyaient tant de laïcs et surtout de femmes occuper des postes traditionnellement affectés aux prêtres et à eux seuls. Mais ces responsables ne semblent pas s'être rendu compte du désarroi éprouvé par ces femmes, renvoyées des services qu'on les avait suppliées d'accepter, et qui disaient : si l'Église a peur de nous, si nous sommes devenues un danger à ses yeux, nous n'avons plus qu'à nous en aller. Beaucoup sont effectivement parties, d'autres hésitent à rester. De ce côté-là également, alors que les séminaires et les églises continuent à se vider, la condition de la femme dans l'Église met dangereusement en cause l'avenir du catholicisme.

Tels sont les deux aspects du problème à la fois féminin et ecclésial que je vais successivement aborder. Pour conclure, je reviendrai brièvement sur le rapport paradoxal que j'ai établi entre la tradition de l'Église et l'esprit du temps.

L'aspect éthique du problème féminin

Je n'ai pas l'intention de discuter pour le fond des questions de morale sexuelle que j'ai évoquées, j'ai moins encore l'intention d'ébranler le pouvoir d'enseignement de l'Église en ces matières. Je poserai cette simple question : est-il réservé au magistère d'en traiter souverainement, et ne serait-il pas légitime d'inviter le peuple chrétien en entier à en débattre, et les femmes en premier lieu puisqu'il s'agit de leur propre corps ? C'est un vrai problème d'Église, car son avenir dans nos sociétés modernes, qui sont des sociétés de débat, dépendra largement de la liberté de parole responsable qu'elle reconnaîtra à ses fidèles.

Il arrive souvent que le magistère se défende en disant qu'il n'a pas lui-même le choix, car il est tenu à faire respecter la loi de Dieu. Mais sur toutes les questions d'éthique sexuelle en discussion, l'Écriture n'édicte que deux lois : l'interdiction de l'adultère par la loi de Moïse renforcée par Jésus, la réprobation du libertinage sexuel par saint Paul et les autres apôtres. Rien d'autre. Je ne discuterai pas des cas légitimes de rupture du lien conjugal ni de l'interruption de grossesse, puisque j'ai dit que je ne voulais pas traiter de ces questions de morale sur le *fond* mais seulement sur la *forme* : à qui appartient-il d'en *débattre* ? L'Église en appelle très habituellement à la seule loi naturelle. Cette loi est d'origine stoïcienne, c'est-à-dire païenne, non évangélique ni scripturaire. Mais ce qui découle de la nature humaine relève de la raison commune. C'est pourquoi les États légifèrent sur ces mêmes questions, en tant qu'elles intéressent le bien commun de la société ; encore ne le font-ils pas sans s'entourer des conseils d'un « comité d'éthique » : c'est reconnaître que ces questions relèvent du *débat public*. De quel droit l'Église se réserve-t-elle le droit d'en décider à elle seule, au point de vouloir même faire entériner ses décisions par la loi des États, qui s'y refusent bien évidemment pour la plupart ? Il est vrai que l'Église fait aussi appel au conseil de théologiens moralistes, de laïcs et même de femmes, mais tous soigneusement choisis et mandatés par le magistère, au point d'interdire aux simples théologiens, voire même à des évêques, de se saisir de ces questions, si ce n'est pour répercuter ses décisions : il n'y a là que la caricature d'un débat public. C'est sur ce point que les chrétiens sont en droit d'interroger l'Église, car son attitude offense leur conscience autant qu'elle compromet son avenir.

La conscience morale d'abord, chrétienne ensuite. Car la moralité relève fondamentalement de la conscience, non de la loi. C'est un principe souvent édicté par les théologiens moralistes, qui se sentent obligés de le rappeler parce que le magistère de l'Église, habitué à enseigner avec autorité, feint trop souvent de croire que toute action est moralement bonne et obligatoire du seul fait qu'elle est conforme à la loi de l'Église. Or la moralité d'un acte est chose éminemment personnelle et circonstanciée, elle tient à la responsabilité que chacun prend de faire ceci ou de ne pas faire cela, pour obéir à la voix de sa conscience du bien et du mal, celle de la raison qui lui dit qu'il doit ou ne doit pas faire ceci ou cela, en tenant compte certes de la loi commune, mais également de sa situation concrète et de ce qui pourrait résulter de sa décision, dans telles et telles circonstances, pour lui ou pour d'autres personnes auxquelles il se doit. Certes, tout individu doit avoir le souci d'éclairer sa conscience sur des sujets aussi difficiles et discutés et donc de ne pas s'en tenir à sa seule opinion et d'en débattre avec d'autres : mais pourquoi cela ne se ferait-il pas en Église, entre chrétiens ?

Ici intervient la conscience chrétienne : n'est-elle pas éclairée par le Saint-Esprit, même chez les « simples fidèles », beaucoup d'entre eux ne sont-ils pas très capables aujourd'hui de comprendre et d'interpréter ensemble l'Écriture, et les couples mariés ne jouissent-ils pas, par la grâce du sacrement de mariage, d'une assistance particulière de l'Esprit Saint pour juger entre eux de tous les problèmes sexuels dont ils ont une expérience directe qui fait défaut aux clercs ? Comment comprendre que l'Église leur refuse le droit d'en débattre ainsi que cela se fait dans la société civile ? Un point majeur de l'évolution de la plupart des pays occidentaux est le fait que la femme se soit affranchie de la domination masculine et qu'elle ait fait reconnaître par la loi son droit privilégié à disposer de son corps. Que l'Église ne lui reconnaisse pas ce droit, voilà qui ne peut que creuser de façon irrémédiable le fossé entre elle et le monde moderne.

L'avenir de l'Église est donc bien mis en cause par l'aspect éthique de la condition féminine. Cet avenir n'est pas seulement compromis du dehors, mais aussi du dedans. Quand on lit la première lettre de saint Paul aux Corinthiens, on est frappé de la liberté, de l'intensité et de la circulation de la parole qui caractérisaient les communautés chrétiennes de son temps : la parole des Apôtres jouissait d'un statut privilégié, celle des docteurs ou enseignants était la plus écoutée, mais tous les fidèles avaient aussi le droit de prendre la parole, y compris les femmes, et cela est d'autant plus remarquable que la plupart de ces gens étaient des illettrés. Paul appréciait surtout le « charisme d'interprétation », le don de discerner, d'expliquer, de traduire en langage accessible à tous, y compris à des visiteurs païens, les paroles qu'ils entendaient, celles notamment qui émanaient de croyants tenus pour « prophètes », ou de visionnaires qui parlaient des langages mystérieux ; il trouvait bon qu'il y ait entre eux des discussions et des dissensions pour éprouver et discerner ceux qui avaient un jugement sain et assuré ; et il les invitait à juger dans leurs assemblées des cas qui troublaient la vie des communautés et à chasser éventuellement ceux qui avaient un comportement indigne de la vocation chrétienne. Ainsi le débat tenait dans leurs réunions une place d'autant plus importante que les liturgies et pratiques rituelles y étaient encore peu développées. Cette liberté de parole a fortement contribué à répandre la foi nouvelle dans une société où la parole publique était l'apanage des hommes libres et où l'on prisait si fort l'éloquence et la rhétorique.

La liberté de débattre n'a pas moins d'importance pour l'Église de notre temps. Elle en a pour la réputation de la foi chrétienne au-dehors, dans une société où tous les citoyens jouissent d'une totale liberté d'opinion et où le droit de vote est tenu pour caractéristique d'un « État de droit ». La liberté du débat n'est pas moins nécessaire pour la fermeté et la stabilité de la foi, à une époque où les croyants, devenus si peu nombreux, ressentent le besoin impérieux de se soutenir mutuellement par le témoignage d'une parole de foi librement échangée entre eux, par un échange de paroles qui exprimeraient la prise en charge commune de leur vocation chrétienne. Où en est-on à cet égard dans l'Église ? Nous passons ici de l'aspect éthique à l'aspect citoyen du problème féminin.

L'aspect citoyen de la condition de la femme

J'emploie le mot « citoyen » – on pourrait dire « politique » dans le même sens – parce que saint Paul l'a le premier employé au sujet de l'Église dans sa lettre aux Éphésiens, pour affirmer que les chrétiens d'origine païenne, qui n'avaient pas reçu la circoncision et s'y refusaient d'ailleurs, n'en étaient pas moins « concitoyens des saints », ainsi que s'appelaient les chrétiens d'origine juive, surtout ceux de Jérusalem, qui identifiaient la justice au regard de Dieu à l'appartenance au peuple de l'Alliance par le sceau de la circoncision : pour Paul, il n'y a pas dans l'Église du Christ de citoyens de seconde zone, tous sont égaux en droits et en dignité en vertu de la justification par la foi au Christ et de la sanctification reçue de l'Esprit au baptême, tous contribuent à part égale à l'édification de la cité de Dieu sur terre qui est l'Église. On doit rattacher à cette déclaration cet autre principe fondateur de l'Église ainsi énoncé à plusieurs reprises par l'Apôtre : « Il n'y a plus Grec et Juif, ni homme libre et esclave, ni masculin et féminin (ou ni homme et femme), car tous vous êtes un en Jésus Christ. » Paul n'entendait pas abolir les différences d'origine ethnique, sociale ou sexuelle, c'était un homme de son temps, qui partageait les préjugés culturels de son milieu, ni anti-raciste, anti-esclavagiste ou féministe, mais il était fermement résolu à ce que ces différences ne soient pas cause de divisions, ni d'exclusions, ni d'inégalités dans l'Église. Appliquons ces principes à notre réflexion sur la condition présente de la femme dans l'Église, en tenant compte de l'évolution qui s'est produite dans le cours des temps.

On sait que la naissance des « temps modernes », du temps des « Lumières » est couramment rattachée à la prise de parole publique dans la société par des gens qui en étaient auparavant privés, qui étaient réduits à acquiescer aux déclarations et décisions des gouvernants et des notables. De cette prise de parole sont issues, d'un côté, l'émergence du « sujet » sorti de son enfermement dans la société et la coutume, de l'individu sorti de l'état de « minorité », qui revendique ses droits à l'autonomie, et, d'un autre côté, l'évolution de la société politique vers la démocratie ainsi que vers son agrégation à une communauté des nations régie par un ensemble de droits et de devoirs contractuels. Pendant un temps notable la condition de la femme n'a pas paru bénéficier sensiblement de cette évolution, mais elle a changé de façon spectaculaire depuis la seconde moitié du siècle dernier dans les sociétés occidentales et elle continue à changer sous nos yeux. En bref, la femme revendique et est en passe d'obtenir rapidement l'égalité absolue avec l'homme dans tous les secteurs de la vie, sociale, culturelle, politique, économique ; elle s'est émancipée de l'autorité parentale et maritale, du foyer et des tâches domestiques, des contraintes de sa fonction de génitrice, de gardienne des traditions familiales. Au jugement d'anthropologues et de sociologues, ce changement de la condition féminine serait le trait le plus marquant de l'évolution des civilisations depuis que l'humanité est passée d'une économie de cueillette et de chasse à l'agriculture, et on n'a pas fini d'enregistrer les contrecoups d'une telle rupture dans la tradition. Comment a-t-elle été ressentie dans l'Église ?

Ce changement n'a laissé en elle pratiquement aucune trace, sinon quelques éraflures. L'Église avait déjà très mal supporté le mouvement des Lumières, elle y avait dénoncé une volonté de s'émanciper de la tradition qu'elle assimilait à de l'athéisme, elle voyait surtout dans la marche vers la démocratie une atteinte aux droits de Dieu de qui seul découle toute autorité, elle a réagi à la revendication des droits humains en renforçant chez elle les défenses et les barrières de la hiérarchie et de la monarchie de droit divin. Il en est résulté que beaucoup de chrétiens l'ont désertée, ne se résignant pas à y vivre en personnes mineures privées du droit à la parole. Les femmes ont alors occupé dans l'Église une position majoritaire, elles ont été appelées à y rendre de nombreux services, même à y occuper des fonctions importantes, quoique subordonnées, pour suppléer au manque de prêtres, jusqu'à ce que ces avancées aient paru inquiétantes et qu'on ait prié les femmes de rentrer dans l'ombre, ainsi que je l'ai dit au début de ces réflexions. Mis à part quelques belles et fortes déclarations de Vatican II, on est stupéfait de constater que toute l'évolution que je viens d'évoquer en quelques mots, celle notamment de la condition féminine, ait laissé si peu de traces dans la constitution et le comportement de l'Église. Peut-on imaginer qu'elle puisse longtemps prospérer en allant à l'encontre du mouvement de l'histoire et de la civilisation ? Est-elle si extérieure à la vie du monde qu'elle puisse se croire indemne de ce qui se passe dans le cours du monde ?

L'attitude de l'Église à l'égard de la femme paraît discriminatoire en ceci qu'elle attribue aux hommes et à eux seuls toutes les fonctions directrices. On pourrait objecter, et à juste titre, qu'elle ne fait pas de différence à cet égard entre hommes et femmes, mais seulement entre personnes consacrées ou non à son service par l'ordination sacramentelle. C'est très vrai, mais elle interdit l'ordination aux femmes en tant que femmes : c'est pour cela qu'on lui a reproché une discrimination sexuelle, dont elle n'a pu se disculper qu'en la rejetant sur Jésus. Mais j'ai averti que je ne voulais pas entrer dans ce débat théologique. Je m'en tiendrai à contester comme contraire au principe de non-exclusion énoncé par saint Paul la discrimination qui écarte toute personne non ordonnée des postes de responsabilité : pourquoi l'ordination sacerdotale absorbe-t-elle toute fonction directrice ? Elle n'existait pas dans les deux premiers siècles de l'Église, elle n'est apparue qu'avec la distinction du clergé et du laïcat au début du IIIe siècle, et encore, pendant longtemps, seul l'évêque, élu par le peuple, était prêtre, les « presbytres » ne faisaient que l'assister dans le gouvernement de sa communauté, et c'est encore plus tard, vers la fin du IVe siècle que l'administration de l'Église s'est modelée sur celle de l'Empire devenu chrétien. Le Nouveau Testament comme la tradition la plus ancienne laissent donc à l'Église une grande marge de manœuvre pour adapter sa gouvernance aux évolutions et nécessités des temps.

À la lumière de l'Évangile, l'Église devrait admettre qu'elle n'a pas le droit, faute d'un nombre suffisant de prêtres, de priver ses fidèles des biens spirituels qui leur sont nécessaires, et que le Christ lui a donné tous les moyens pour y subvenir. Instruite par l'histoire, elle devrait comprendre qu'elle ne doit pas leur refuser les droits qu'ils ont conquis dans la société civile et politique, sous peine que les fidèles continuent à la déserter, parce qu'elle manque à ses devoirs envers eux, et cela en tenant compte de la spécificité de sa mission spirituelle. En observant les signes des temps, elle devrait prendre conscience que les chrétiens de nos jours ne pourront pas persévérer dans la foi si elle ne leur donne pas les moyens d'exercer par eux-mêmes, dans le respect de son institution divine, la pleine responsabilité de leur être-chrétien et de leur vivre-ensemble. Sur cette base, elle devrait pouvoir organiser sa gouvernance de manière à respecter la liberté à laquelle le Christ a appelé les croyants, toujours au dire de saint Paul. C'est dans ce cadre que la condition féminine pourrait évoluer dans l'Église parallèlement à la condition laïque, et que le christianisme pourrait devenir à son tour un puissant facteur d'évolution de l'humanité dans le sens de l'Évangile.

La tradition et l'esprit du temps

Je viens de dire, à deux reprises, que l'Église devrait être capable de suivre les évolutions de l'histoire tout en restant fidèle à sa tradition. Prétendre accommoder la tradition à l'évolution pourrait paraître un paradoxe sinon un faux-fuyant hypocrite ; c'est pourquoi je terminerai ma réflexion par quelques mots sur cet accouplement, ainsi que je m'y étais engagé, tout en évitant de m'écarter de notre sujet.

Il y a de nos jours, vous ne l'ignorez pas, une grave crise interne de l'Église qui porte précisément sur la compatibilité ou l'incompatibilité entre la fidélité à la tradition et les innovations introduites par le concile Vatican II ou à sa suite. L'une des causes majeures de ce conflit est le fait que les gens qui ont recours aujourd'hui aux services de l'Église, qu'ils soient des pratiquants habituels ou occasionnels, rencontrent le plus souvent une femme là où auparavant ils trouvaient un prêtre, et si par chance le prêtre est là, il n'est pas reconnaissable car il n'est plus en soutane habituellement. C'est contre ce changement, nous l'avons vu, que la hiérarchie de l'Église semble vouloir réagir maintenant. Mais croire qu'on n'avait jamais vu auparavant de semblables changements, c'est tout ignorer de l'histoire de l'Église, et en particulier de l'évolution de ses pratiques et disciplines et même de sa théologie sacramentelle. Par exemple, le sacrement de la réconciliation, qu'on appelait « pénitence » jusqu'à Vatican II, a commencé par n'être accordé qu'une seule fois, à titre exceptionnel et après une confession publique, et n'est devenu fréquent et secret qu'une dizaine de siècles plus tard ; le presbytérat, que saint Thomas d'Aquin définissait par le double pouvoir de consacrer l'Eucharistie et de remettre les péchés, n'a commencé à exercer le premier pouvoir qu'au IVe siècle, en se détachant de l'épiscopat, et le second qu'au XIe siècle, en retirant aux moines la *cura animarum* (le soin et la charge des âmes des fidèles). Or, dans ces deux cas, qui ne sont pas mineurs, l'Église a évolué, sous la pression de ses fidèles, en suivant l'évolution de leurs mentalités et des mœurs de la société, dans le but de leur rendre les mêmes services spirituels que dans le passé, quoique d'une façon toute différente parce qu'elle se trouvait dans une configuration historique toute nouvelle. Elle ne faisait ainsi qu'obéir à la consigne de Jésus à ses disciples, celle d'observer les « signes des temps ».

Le pape Jean-Paul II, quand il décida de clore le débat sur l'ordination des femmes, fit cette observation que Jésus tranchait singulièrement avec les mœurs de son temps et de son pays par sa manière de fréquenter les femmes au point d'admettre qu'elles le suivent en qualité de disciples, d'où il concluait que Jésus les avait exclues du sacerdoce très intentionnellement et après mûre réflexion. Son observation était juste, et les premiers chrétiens n'auraient pas si rapidement et si profondément rompu avec le judaïsme s'ils ne s'y étaient pas sentis autorisés et encouragés par l'exemple de leur maître. La conclusion du pape n'était pas justifiée pour autant : si Jésus n'a choisi que des hommes et précisément douze hommes pour apôtres, c'est parce qu'il les destinait à prendre le commandement dans son Royaume des douze tribus d'Israël, et qu'on n'avait pas idée de son temps et dans son pays de mettre des femmes à la tête d'un peuple, hors rarissimes exceptions, car cela n'aurait pas été toléré par la majorité de la population. Jésus était en avance sur son temps et n'hésitait pas à choquer son entourage, c'est certain, mais cela ne veut pas dire qu'il ne subissait à aucun degré l'influence des traditions de son peuple ni des mentalités de son milieu. Il suivait la tradition tout en sachant s'en distancer, car il sentait les évolutions qui se préparaient dans l'air du temps, et il a su donner à ses disciples l'exemple et l'élan pour s'y adapter quand elles se produiraient.

Les chrétiens des premiers siècles étaient en majorité des illettrés, je le rappelle, bien incapables de discuter les enseignements qui leur étaient donnés, ils n'avaient d'ailleurs pas de bibles à leur disposition ; aujourd'hui la plupart sont aussi instruits que leurs curés et beaucoup sont très capables de discuter avec eux de théologie ou d'exégèse. Jusqu'au siècle dernier, l'univers des femmes était nettement séparé de celui des hommes, elles ne faisaient pas les mêmes études, ni les mêmes métiers, elles ne fréquentaient pas les mêmes lieux, elles étaient confinées dans les soins de la famille, des enfants et du ménage, les prêtres leur déconseillaient volontiers de lire les saintes Écritures, le code civil ne leur accordait pas les mêmes droits qu'aux hommes ; aujourd'hui, elles font les mêmes longues études, les mêmes métiers, les mêmes sports, elles jouissent des mêmes droits, remplissent les mêmes fonctions, occupent les mêmes postes, à parité avec les hommes. Voilà deux évolutions majeures de la civilisation. Elles ont profondément ébranlé les sociétés civiles, et on ne doit pas s'étonner que l'Église en ait subi des soubresauts. Mais les premières s'en sont accommodées dans beaucoup de pays, et la place qu'elles ont su faire aux femmes mesure leur degré de civilisation. L'Église y a résisté tant qu'elle a pu, et nous voyons où cela la mène. Mais elle se rend déjà compte qu'elle y perd sa substance et ses forces, et sa crédibilité, et nous ne devons pas désespérer qu'elle se convertisse aux « signes des temps ». Les fidèles laïcs sauront l'aider, à la fois par leur docilité et par leur résistance, à réintégrer le cours de l'histoire pour y remplir sa mission de service du monde.

Annexes

1

Examen critique de l'institution sacerdotale et nouvelles structures proposées

(un double dynamisme, avec des communautés de base)

Étude effectuée par un groupe de travail de l'association Chrétiens en recherche 41 sur les pages 824 à 867 du tome II-2 du livre Dieu qui vient à l'homme *du père Joseph Moingt (Cerf, 2007)*

Dans la conférence intitulée « Annonce de l'Évangile et structures d'Église », dont le texte est reproduit dans le présent ouvrage, Joseph Moingt a longuement développé l'importance et le rôle des petites communautés de base autogérées, à charge pour elles de témoigner de l'Évangile de manière crédible, mais à condition que leur mission soit connue et reconnue comme une mission d'Église, d'où la nécessité d'une réforme des structures actuelles de l'Église et notamment du rôle qu'y joue l'institution sacerdotale.

Les pages mentionnées dans le sous-titre ci-dessus abordent le débat théologique fondamental sur le sacerdoce – débat qui est essentiel pour assurer une réelle participation des laïcs à la mission de l'Église. Ces pages apportent de plus des précisions importantes sur les nouvelles structures d'Église préconisées par Joseph Moingt, et notamment sur les rapports entre les ministères ordonnés et les autres.

Le groupe de travail qui a longuement étudié ces pages a cru utile d'en résumer les points de nature à apporter un éclairage complémentaire à cette conférence intitulée « Annonce de l'Évangile et structures d'Église ».

L'institution sacerdotale, obstacle à la mission de l'Église aujourd'hui

La mission de l'Église aujourd'hui est de porter témoignage à l'Évangile, à la lumière de l'Esprit, de la façon la plus largement accessible aux hommes de ce temps[1]. En ce temps de libération de la société par rapport à la tutelle de toute autorité religieuse, la « *communication salutaire de l'Église avec le monde se fera surtout à la base* », avec le laïcat chrétien[2].

L'auteur se réfère au récit de la Pentecôte dans les Actes (1,15) où, si on lit bien, il est dit que l'Esprit Saint est descendu sur l'ensemble des croyants, les cent vingt frères qui deviennent ainsi témoins du Christ avec les apôtres[3].

Pour que les laïcs puissent jouer leur rôle dans la communication de l'Évangile au monde, il faut qu'ils aient, dans l'Église et aux yeux du monde, une parole autorisée. Cela « requiert une certaine configuration et structuration de l'espace ecclésial[4] » qui permette aux laïcs d'avoir « voix au chapitre ».

Pour Joseph Moingt, c'est bien la mort de certaines coutumes de l'institution ecclésiale qui rendra possibles les évolutions nécessaires :

---

1. Telles sont les conclusions auxquelles Joseph Moingt est parvenu à la page 824.
2. Page 828.
3. Page 827.
4. Page 830.

« La seule espérance réaliste passe par l'acceptation de la mort, comprise comme partage de la Croix de Jésus… qui opérera, dans l'histoire de l'Église… un double renversement de son pôle religieux sur son pôle évangélique, de sa tête théocratique vers sa base laïque[5]. »

Dans ce processus, le rôle de la hiérarchie ne peut être éludé. Il s'agit d'une réorientation de l'Église qui n'est pas envisageable sans, pour le moins, l'aval de sa hiérarchie, permettant, autorisant, sinon facilitant cette mutation[6].

Or, pour qu'une telle mutation puisse être envisagée, un obstacle fondamental doit être levé : celui de l'institution sacerdotale elle-même qui empêche toute évolution, en raison « de son tarissement d'abord », « de ses prérogatives ensuite dont le caractère sacré s'opposerait à un partage avec les laïcs[7] ».

5. Page 834.
6. Page 835.
7. Page 836.

DÉBAT THÉOLOGIQUE SUR L'INSTITUTION SACERDOTALE

Critique de la thèse de la prééminence de l'ordre sacerdotal

Joseph Moingt constate que l'Église manifeste sa volonté de se recentrer sur son pôle cultuel et qu'elle envisage l'existence chrétienne sous le mode privilégié de la pratique religieuse. Or comme ce culte relève exclusivement du ministère consacré, donc de la hiérarchie sacerdotale, le pouvoir de gouverner et celui de sanctifier ne font plus qu'un et il devient inconcevable que les laïcs puissent trouver hors de la dépendance du clergé les moyens de se sanctifier[8].

Certes, reconnaît Joseph Moingt, « on ne peut se dissimuler que cette revendication du magistère romain est fondée sur des arguments théologiques de haute tradition et de grande autorité conciliaire[9] ». Mais il voit deux faiblesses essentielles à cette thèse :

8. Page 837.
9. Page 837.

Première faiblesse : sa radicalité même

Le manque de prêtres, dans la conjoncture actuelle, vouerait l'institution à plus ou moins brève échéance, à l'extinction[10]. Et envisager des arrangements tels que la levée de la discipline du célibat imposée aux prêtres – qui n'est pas d'obligation divine – ou l'ordination de femmes, ne ferait que renforcer davantage « la permanence et l'exclusivité des missions confiées au sacerdoce auxquelles les laïcs ne pourraient définitivement plus prétendre[11] ».

Et ce serait obérer l'avenir en ne faisant pas confiance à l'Esprit Saint et en n'acceptant pas le départ de Jésus qui, en partant, lui a confié l'avenir de l'Église :

« L'avenir même de l'Évangile serait finalement subordonné à la survivance du sacerdoce pris comme institution religieuse. Le défaut majeur de cette théorie est de ne pas tenir compte de la mission historique de l'Esprit Paraclet, à qui Jésus a confié son Église, et non l'inverse, et de ne pas accepter, en vérité, par

10. Page 837.
11. Page 838.

voie de conséquence, le départ de Jésus, en tant qu'elle fait du prêtre un autre christ dépositaire et distributeur du salut, visible et permanent. » Enfin, « elle condamne les laïcs à une minorité perpétuelle[12] ».

Deuxième faiblesse: son impuissance à justifier son origine divine

Vu le danger dont elle menace le christianisme aujourd'hui, il faudrait que cette thèse puisse s'appuyer sur « des preuves claires et impérieuses de l'origine divine de ses exigences, qui ne pourraient se trouver que dans la volonté de Jésus, expressément notifiée par ses paroles ou ses actes, ou par les enseignements de ses apôtres, conformément au recours à l'origine pratiqué par les conciles en matière d'institution des sacrements. L'impuissance à fournir de telles preuves est la seconde et décisive faiblesse de cette théologie[13] ».

Il existe bien sûr une longue tradition dans l'Église en faveur de cette thèse, mais, sans nier

12. Page 839.
13. Pages 839-840.

cette tradition, Joseph Moingt, relisant les origines du christianisme, aboutit à la conclusion que « le cahier des charges d'une institution sacerdotale est vide[14] » :

« Entre la source christique et le début de la tradition ecclésiastique, un large espace se creuse, vide d'injonction d'autorité divine sur la question du sacerdoce[15]. » Cette constatation, suivie d'une argumentation remontant depuis les sources néotestamentaires, aboutit à une critique de la formulation du dogme du concile de Trente (1545-1563) qui « voit la fondation du sacerdoce chrétien dans le double pouvoir de consacrer l'Eucharistie et de remettre les péchés[16] ». Or, constate-t-il, on ne voit, dans les récits des origines chrétiennes, aucune marque de mise à part d'un apôtre ou d'un autre personnage en vertu d'un caractère sacré, ni de désignation de ministres d'un culte nouveau, ni de fonctions liturgiques réservées à certains au titre d'une ordination[17].

---

14. Page 842.
15. Page 840.
16. Page 841.
17. Page 842.

L'auteur montre ensuite que l'Église a elle-même fait évoluer son interprétation au cours des siècles, en fonction des besoins de l'époque. Ainsi, au début, l'évêque était le seul prêtre, les presbytres qui l'entouraient ne présidèrent que plus tard eux-mêmes des communautés. Ainsi le travail d'interprétation est légitime[18].

Un guide néotestamentaire essentiel : le sacerdoce commun des fidèles

Ce qui doit guider le travail de ressourcement dans les Écritures et dans la tradition, c'est d'apporter une aide, et non un frein, à l'adaptation de l'Église à sa mission[19]. « Encore faudrait-il trouver, pour cela dans le Nouveau Testament, quelque mention du sacerdoce propre à guider cette recherche herméneutique. Or elle existe, éclairante quoique rare : [...] c'est ce qu'on appelle le “sacerdoce commun des fidèles”[20]. »

---

18. Page 843.
19. Page 843.
20. Page 844.

Heurs et malheurs du concept de sacerdoce commun des fidèles

Joseph Moingt développe et commente les deux seules mentions explicites de ce « sacerdoce commun » dans le Nouveau Testament[21] et rappelle que « Vatican II en a perçu la riche signification doctrinale et spirituelle, tout en le subordonnant au "sacerdoce ministériel", inconnu du Nouveau Testament sous ce nom, par un lien de dépendance qui permet aux laïcs de participer au culte exercé par des ministres ordonnés mais non de l'exercer activement par eux-mêmes, faute de pouvoirs sacrés[22] ».

Historiquement, la notion de sacerdoce commun s'est trouvée édulcorée par l'élaboration, d'ailleurs tardive, d'une définition du sacerdoce reprenant le modèle juif et étant à l'image des prêtres de toute autre religion[23].

---

21. Pages 844 et 848, première épître de Pierre 2,5-6 et 9-10 et Apocalypse 1,5-6 ; 5,9-10 et 20.6.
22. Page 849 avec référence à *Lumen Gentium* 10.
23. Page 849.

Interprétation néotestamentaire du sacerdoce commun

Et Joseph Moingt en vient à expliciter que « là où tous sont prêtres, il n'y a plus de prêtres au sens ancien. Il n'y a plus “quelques-uns entre tous” qui seraient prêtres à titre propre et personnel et à l'exclusion des autres ». Et, pour présenter les choses en positif, « la liberté de l'Esprit est fondatrice de l'égalité des droits entre chrétiens[24] ».

« Le peuple chrétien est un peuple sacerdotal en tant qu'il est arraché à la dépendance du sacerdoce, du temple et du culte juif et transféré dans une autre économie de salut définitive, celle des fils de Dieu, des “vrais adorateurs du Père en esprit et en vérité” (Jn 4,22-24)[25]. »

C'est donc un contresens de penser que le peuple des disciples du Christ est seulement placé sous la loi d'un nouveau culte et d'un autre sacerdoce ayant des attributs semblables à ceux de l'ancien, avec des pouvoirs exclusifs et des interdits. Par le don de l'Esprit, le peuple

24. Page 850.
25. Page 849.

nouveau est dans la proximité de Dieu dont il serait tenu écarté par un sacerdoce ayant l'exclusivité du culte. « La libération reçue de l'Esprit est passée par là, détruisant les barrières dressées par le culte ancien entre Dieu et l'homme[26]. »

L'eucharistie, culte du sacerdoce commun

S'il n'y a plus de prêtres au sens ancien, il n'y a plus de rites au seul pouvoir de quelques-uns, mais il y a la célébration de l'eucharistie par le peuple entier.

Si le sacerdoce des fidèles ne se caractérise pas par des rites et des pouvoirs sacrés, il s'exprime néanmoins dans une certaine forme de culte, car le concept de sacerdoce suppose un rapport au culte[27]. Ce culte, c'est la célébration de l'eucharistie :

« La célébration de l'Eucharistie par le peuple entier n'est pas l'usurpation d'un pouvoir qu'il n'aurait pas reçu... ; le récit de la Cène qui prélude au partage du pain atteste

26. Page 850.
27. Page 850.

que les chrétiens, en réponse à l'invitation de Jésus, échangent entre eux, le recevant les uns des autres, ce qui n'appartient en propre à aucun d'eux pour l'avoir reçu de lui à parts égales[28]. »

Le sacerdoce de quelques-uns

Joseph Moingt, se référant aux premiers temps de l'Église, n'oublie pas que « parmi tous ces chrétiens qui célèbrent l'eucharistie, sans acception de personne, en ces temps de fondation [...] il y en a quelques-uns qui occupent une place à part, que personne ne conteste, qui détiennent une autorité, que tous reconnaissent : [...] les apôtres au premier rang, puis les chefs mis par eux à la tête des communautés[29] ».

Certes on n'a pas beaucoup d'informations, dans les écrits du Nouveau Testament, sur la façon dont les apôtres exerçaient cette autorité ni sur sa transmission. Mais ce que nous devons

28. Page 851.
29. Page 851.

prendre en compte, ce qui fonde cette autorité, c'est l'envoi en mission par le Christ, ce qui constitue l'événement fondateur du christianisme dont le peuple chrétien est partie prenante. Il n'y a donc pas un sacerdoce différent pour les apôtres. Il y a un seul sacerdoce qui est participation à l'unique sacerdoce du Christ, mais que les apôtres exercent différemment « en vertu d'une participation spéciale à sa mission… […] Celui qui hérite de l'autorité des apôtres devient, comme l'ont dit justement les Pères, un "autre Christ" d'une manière particulière, propre à l'ambassadeur d'un souverain, et exerce par conséquent, à titre individuel, un ministère sacerdotal propre[30] ».

Cette autorité résulte de l'envoi en mission aux extrémités de la terre et ne consiste donc pas, au premier chef, en un pouvoir de gouvernement hiérarchisé et territorial, mais en une responsabilité pastorale qui comporte avant tout un devoir de vigilance. Elle ne se caractérise pas par un pouvoir de gouvernement d'une communauté, ni par un pouvoir exclusif sur le

30. Page 852.

culte, mais par un devoir de veiller à la bonne conduite, à l'union, à l'évitement du désordre et de l'erreur[31]. Ainsi, à Corinthe, Paul intervient fortement, mais fait bien remarquer que, s'il intervient, c'est parce que la communauté n'a pas réagi comme elle aurait dû le faire elle-même (1 Co 11 et 14).

En note de bas de page, Joseph Moingt critique à ce sujet la « différence d'essence et non seulement de degré » mise par Vatican II (*Lumen Gentium*, n° 10) entre le « sacerdoce commun des fidèles et le sacerdoce ministériel ou hiérarchique » : ce n'est pas très logique puisque le texte déclare aussitôt que « l'un et l'autre participent, chacun d'une façon particulière, à l'unique sacerdoce du Christ ». Une modalité particulière de participation peut-elle fonder entre les participants une différence d'essence ?

Principe de réconciliation entre les deux formes de sacerdoce

Après avoir analysé comment le pouvoir sacerdotal avait accaparé l'exercice du culte dès

31. Page 853.

l'installation du mono-épiscopat (tout pouvoir entre les mains de l'évêque vu comme le grand prêtre) aux environs de l'an 200, l'auteur conclut en montrant que la notion de sacerdoce commun fait coexister « deux principes d'organisation de l'Église, antagonistes mais complémentaires [...]: un facteur de solidarité et d'égalité dans la participation au sacerdoce du Christ, qui fonde l'autonomie et la communion de tous les chrétiens dans leur rapport à Dieu (culte) et au monde (témoignage), et un facteur d'autorité pour appeler le monde à l'Évangile et l'enseigner aux croyants, fondé sur la communication de la mission du Christ par un appel et un envoi particuliers... Mais, de chaque côté, inhérent à l'un et à l'autre, un principe de réconciliation s'exerce sous le mode d'un interdit d'interdire : ni l'autorité n'a le droit de s'ériger en monopole pour se soumettre ceux que l'Esprit a libérés des anciennes médiations sacerdotales, ni le peuple de se soustraire à la vigilance de ceux que le Christ a établis gardiens de son unité[32] ».

---

32. Page 857.

Autrement dit, Joseph Moingt désigne les deux côtés de la condition, chrétienne : « Une autorité respectueuse de la royauté du peuple de Dieu, et une liberté soucieuse d'obéir aux envoyés du Christ[33]. »

En tout état de cause, précise-t-il, « le seul pouvoir autorisé par l'Évangile est celui qui s'exerce par mode de service, et le service, à moins de jouer sur les mots, ne s'impose pas par contrainte à ceux qui le refusent en pleine connaissance de leurs droits et de leurs devoirs[34] ».

RESTRUCTURATION PROPOSÉE : DEUX STRUCTURES PARALLÈLES ET COMPLÉMENTAIRES

Comment entreprendre ces mutations ? Le strict point de vue d'un théologien

Ces mutations envisagées, Joseph Moingt ne se juge pas habilité à en définir les modalités dans leurs divers aspects. Il s'en tient à ce qu'il peut en dire du point de vue d'une « théologie politique » :

33. Page 857.
34. Page 854.

« Les modalités concrètes de la mise en œuvre exigeraient de nombreuses et minutieuses déterminations qui relèvent du droit canon, de la sociologie religieuse, de la pratique pastorale, de l'ecclésiologie. M'abstenant de pénétrer dans ces divers domaines en qualité d'expert, je resterai sur le terrain, où s'était établie notre recherche, d'une théologie politique fondamentale, celle qui jette les bases de la citoyenneté chrétienne[35]... »

Deux dynamismes à mettre en œuvre pour cette restructuration

La citoyenneté chrétienne se fonde à la fois sur la liberté que l'Esprit donne aux fidèles et sur la succession apostolique qui porte l'Évangile au monde. C'est ce double dynamisme qui présidera à une restructuration de l'Église :

« Le don de l'Esprit au peuple sacerdotal a libéré sa parole des anciennes entraves cultuelles, tout en lui rappelant que l'Évangile vient au monde en suivant le cours de la tradition

35. Pages 857-858.

apostolique jalonnée par la succession épiscopale. Cette reconstruction mettra donc en œuvre deux dynamismes, l'un, à la base, de dissémination de l'Évangile, l'autre, au sommet, de rassemblement en Église[36]. »

Pour faciliter la compréhension de ces deux dynamismes, nous avons récapitulé, sous notre responsabilité, dans le tableau comparatif figurant à la fin de ce texte, les caractéristiques des deux structures parallèles d'Église qui en découlent, telles qu'elles ressortent, selon nous, des pages 858 à 864 du livre de Joseph Moingt.

Les ministres du culte : ordonnés ou non ?

Reste la question des ministres du culte et notamment de la présidence eucharistique. Dans ces pages capitales, Joseph Moingt récuse la notion de « pouvoir » car, en tant que pouvoir attribué à une personne, cette notion s'oppose au caractère essentiellement communautaire de la célébration eucharistique :

« Depuis le Moyen Âge, l'ordination sacerdotale est définie par les pouvoirs sacrés et

36. Page 858.

exclusifs qu'elle confère au prêtre... Le plus grave inconvénient de cette notion de pouvoir, telle qu'elle est définie par le concile de Trente, est de s'appliquer formellement à l'individu consacré et de faire abstraction de l'Église célébrante, par exemple, s'agissant du culte eucharistique, du peuple qui y participe, car qu'est-ce que l'Eucharistie si elle n'est pas la louange publique du peuple rassemblé pour faire mémoire de la mort du Seigneur et prendre part au repas dans lequel il se donne en nourriture partagée entre tous pour tous les unir à lui et en lui[37] ? »

Sur ces bases, Joseph Moingt propose une ingénieuse distinction entre le culte public et le culte exercé dans de petites communautés, montrant que, si le culte public relève légitimement du ministère ordonné, il n'en est pas de même pour celui des petites communautés :

« Dans ce cadre [du culte public] est prêtre celui qui a le pouvoir de rassembler le peuple, de le convoquer à l'assemblée liturgique. Le pouvoir du prêtre est ainsi mis dans la sphère

37. Pages 861-862.

de l'ecclésialité, d'un rapport à une altérité instituée, de la participation à l'autorité pastorale de l'évêque et il est alors compréhensible que le culte public relève du seul ministère consacré. [...] Cette exclusivité ne porte aucun ombrage au culte des communautés, qui est de nature privée, en tant qu'il n'est pas ouvert à la totalité de la population du diocèse, du secteur ou de la paroisse (quoiqu'on puisse le dire public en cet autre sens qu'il n'est pas secret, ni caché, ni réservé aux seuls initiés)[38]. »

Le lien et l'unité entre les deux formes de culte sont assurés par la reconnaissance de la petite communauté par l'évêque, car ainsi elle est intégrée à l'Église universelle :

« La communauté doit être reconnue par l'évêque pour être pleinement intégrée à la socialité historique du peuple sacerdotal, mais la nature privée de ce culte ne requiert pas l'activité d'un ministre ordonné : l'Eucharistie est reconnue en tant que don de Dieu du fait que la célébration est présidée par le responsable de la communauté, agréé par l'évêque ; et ce

38. Pages 862-863.

président agit en tant que ministre de sa communauté et au nom du sacerdoce commun dont elle est participante[39]. »

Avenir du ministère ordonné

L'auteur n'a voulu restreindre ni la nécessité, ni l'autorité, ni l'importance du rôle du ministère ordonné. Au contraire, il pense que, les fonctions des ministres ordonnés étant ainsi reformulées, « l'Église sera même probablement obligée de compléter le petit nombre de vocations à l'état sacerdotal en y appelant des hommes mariés et des femmes, pourvu que ce ne soit pas pour empêcher les fidèles de se soustraire aux médiations du sacerdoce institué et de recourir aux ressources du sacerdoce commun[40] ».

39. Page 863.
40. Page 865.

Conclusion de Joseph Moingt :

Dans les mutations qu'elle aura le courage d'affronter, dans le nouveau positionnement et ajustement mutuel des ministres et des fidèles, des communautés et des administrations, l'Église trouvera la chance de renaître de la mort où l'entraîne son attachement à un passé de puissance. Elle présentera au monde un nouveau visage, celui d'une autorité décléricalisée et libératrice, celui d'un laïcat promu à la pleine citoyenneté chrétienne, et, à travers l'un et l'autre, le vrai visage de l'Évangile porteur de la liberté promise à l'humanité nouvelle qui aspire, elle aussi, à sortir de la mort[41].

Le groupe de travail
Jean HOUSSET,
Gilles LACROIX, Guy DE LONGEAUX

41. Page 867.

La double structure d'Église préconisée:

Dynamisme de rassemblement de l'Église au sommet
Diocèses, secteurs, points d'appui, paroisses...

Principes de constitution:

- un territoire
- grandes communautés réunissant les chrétiens de ce territoire: espace public de célébrations
- autorité héritée du Christ, via la tradition apostolique et la succession épiscopale
- responsabilité pastorale de l'évêque ou de son représentant
- ministères ordonnés

Fonctions:

- prise en charge pastorale d'une population:
  annonce de l'Évangile:
  - catéchèse, apostolat

  sanctification des fidèles:
  - sacrements, célébrations

  rassemblement de la communauté
- culte public: liturgies universelles et unifiées rassemblant de nombreuses personnes, membres des petites communautés, et autres pratiquants réguliers ou irréguliers, et ouvertes à quiconque éprouverait un besoin de prière ou de transcendance, réparties, par nécessité ou par commodité, en divers secteurs paroissiaux du territoire épiscopal
- union de l'Église locale avec l'Église universelle
- à l'intention des petites communautés:
  conseil et formation assurés par des prêtres (presbytérium de l'évêque)

---

1. Tableau réalisé par le groupe de travail de CER 41, sous sa seule responsabilité, en s'inspirant des pages 858 à 864 du livre cité.

un double dynamisme à mettre en œuvre[1]

Dynamisme de dissémination de l'Évangile à la base
Petites communautés

Principes de constitution :

- libre association sur la base d'un petit territoire ou sur des critères associatifs, sociaux, professionnels, culturels, etc.
- communautés d'affinité de petite taille : espace de dialogue qui permette aux fidèles d'échanger une parole *autorisée* :
  - entre eux au-dedans,
  - avec les autorités ecclésiales responsables,
  - avec d'autres au-dehors,
- liberté en vertu du don de l'Esprit Saint,
  libre communication des chrétiens entre eux et avec le monde qui les entoure
- présidents élus, reconnus par l'évêque,
- ministères électifs (sous contrôle épiscopal, sans que ce soit une mise sous tutelle)

Fonctions :

- prise en charge d'un milieu de vie où exercer une solidarité avec tous dans l'esprit de l'Évangile

- ressourcement de la foi dans l'étude et le partage des évangiles, ainsi que dans des célébrations conviviales

- culte « privé », mais ni secret, ni caché, ni réservé aux seuls initiés

- lien avec l'évêque
- entité en communion avec les autres institutions diocésaines, n'ayant pas vocation à se suffire à elle-même

---

2

Des petites communautés. Pourquoi ? Comment ?

Reformulation à partir des mêmes pages 858 à 864 du livre déjà cité du père Moingt

Note liminaire : il s'agit ici d'une présentation de principe laissant de côté bien des questions pratiques et autres qui seraient à traiter par ailleurs

Leur raison d'être

L'annonce de l'Évangile, visant à l'humanisation du monde (ce que l'on peut traduire par son « salut »), ne peut se réduire à annoncer l'Église, car la société sécularisée ne reconnaît pas le magistère de l'Église et refuse l'emprise d'un langage d'autorité (et de plus certaines des prises de position d'ordre moral de l'Église catholique ont discrédité son discours).

Les activités pastorales se développant dans le cadre de l'institution ecclésiale restent aléatoires et circonscrites à un cercle restreint, du fait de la diminution du nombre de prêtres, de la raréfaction de la fréquentation des églises et des limites de la communication par mode de « sermons ».

Pour que l'annonce de l'Évangile aide vraiment les gens à traduire l'esprit évangélique dans leur vie et travaille ainsi à l'humanisation du monde, il faut qu'elle soit manifestée par des chrétiens au contact quotidien avec les gens rencontrés dans la vie courante, quelle que soit l'attitude spirituelle de ceux-ci, religieuse ou non. Les laïcs chrétiens insérés dans la vie civile sont le mieux placés pour cela.

Et, comme on n'est pas chrétien en solitaire, il est opportun que les chrétiens se réunissent en petites communautés correspondant à un milieu de vie où témoigner d'un esprit évangélique et développer une solidarité ouverte à tous.

Leur objet

Une communauté s'organise en vue d'un partage d'Évangile, et non d'abord pour des célébrations religieuses. Elle oriente ce partage vers la prise en charge des problèmes de société environnants. Elle s'ouvre à d'autres personnes se sentant concernées par ces problèmes et organise avec elles des actions concrètes.

Conditions essentielles à remplir

- *Orienter le partage d'Évangile vers un horizon d'humanisation* du monde (plutôt que de conversion à une religion).
- *Avoir un langage crédible* dans une société de modernité et donc témoignant d'une liberté de jugement et non d'une obéissance plus ou moins servile à une institution religieuse, et se souciant des choses du monde et pas seulement des choses religieuses.
- *Être reconnu comme ayant une mission d'Église* avalisée par la hiérarchie.

Leurs activités

- Groupes de parole.
- Lecture des évangiles (avec une méthode précise et une aide experte) visant à approfondir la connaissance de la personne du Christ.
- Débats portant autant sur des questions séculières que spirituelles, en dialogue avec des personnes se situant dans toutes positions personnelles par rapport à des questions de foi.
- Actions collectives de solidarité.

Leur statut ecclésial

- Pour une parole libre de chrétiens prenant en charge leur coresponsabilité dans l'Église, l'organisation doit reposer sur :
    - la libre association
    - l'autonomie de gestion

- Pour favoriser la circulation de la parole au-dehors et être perçu comme une présence active de l'Évangile, ne pas viser à rassembler tous les chrétiens d'un même lieu, mais se réunir dans le cadre d'un milieu de vie qui peut être local comme aussi bien professionnel, culturel ou de simples affinités ou de réseaux.

  - Cela implique des communautés de petite taille
  - et n'ayant pas vocation à satisfaire tous les besoins religieux ni à se suffire à elles-mêmes

- Bien que la raison d'être des communautés ne soit pas d'ordre cultuel, le fait qu'elles réunissent des disciples du Christ ayant pour but de vivre selon l'Évangile implique qu'ils rendent un *culte spirituel*. Et celui-ci peut se traduire, à l'occasion, sous forme eucharistique, selon le souhait formulé dans les évangiles de « faire mémoire » ainsi.
- Le lien d'Église s'établit avec l'évêque (et en relation avec la paroisse) :
  - Les communautés se forment de leur propre initiative, mais comme elles veulent être reconnues, même des incroyants, comme des lieux d'Église, elles veilleront à se créer avec le plein assentiment de l'évêque,

- elles lui demandent de reconnaître le président ou présidente qu'elles se donnent démocratiquement,
- l'entrée en fonction de ce président peut faire l'objet d'une installation canonique et liturgique,
- mais cette reconnaissance par l'évêque n'a pas la signification d'une mise sous tutelle.

Jean HOUSSET, Gilles LACROIX,
Guy DE LONGEAUX

À tout instant du temps, l'Église est jetée au monde par le même élan qui lui a donné l'origine pour y remplir sa mission. Ce sera en entrant en communication avec lui, non en se retranchant au-dedans de ses frontières institutionnelles, qu'elle accomplira sa finalité, qui n'est pas de s'accroître de ce qu'elle réussira à arracher au monde, mais de lui donner gratuitement ce qu'elle a reçu gratuitement (Mt 10,8), et il s'agit avant tout de l'Évangile, reçu du Christ, de la fraternité et de la liberté.

Or, ce message ne sera crédible, au jugement des hommes de la postmodernité, que s'il leur est porté par des chrétiens authentiquement libres et fraternels.

Voilà pourquoi l'Église a besoin de se doter de structures de communication, de relais et de partage d'autorité qui répartissent sur tous les fidèles, différemment mais libéralement, les charges de responsabilité de la mission...

J. MOINGT[1]

1. *Dieu qui vient à l'homme,* II-2, Cerf, 2007, p. 905.

Table

Composition et mise en pages réalisées par
Compo 66 – Perpignan
486/2012

GROUTPE ARTEGE
Éditions Desclée de Brouwer
10, rue Mercoeur - 75011 Paris
9, espace Méditerranée - 66000 Perpignan
www.editionsddb.fr

Achevé d'imprimer le 17 juin 2016
sur les presses de
La Manufacture - Imprimeur – 52200 Langres
Tél. : (33) 325 845 892

N° imprimeur : 160571 - Dépôt légal : août 2012
Imprimé en France